Spiritual Habits for a Contented Life

満ち足りて暮らす！スピリチュアル

並木良和
Yoshikazu Namiki

きずな出版

はじめに——思い通りの人生を生きよう

皆さん、こんにちは、並木良和です。

僕は子どもの頃から、目に「見える世界」と「見えない世界」を一つの世界として認識しながら生きてきました。

その二つの世界は、切り離された別のものではなく、多次元的に重なり合い、相互に作用し合う、異なった世界なのです。

ただ、周囲の誰もが、自分と同じように感じながら生きていると思っていたので、大人になるにつれて、それが違かったのだと気づいたときの驚きは、いまでもよく覚えています。

本書のタイトルは、『満ち足りて暮らす！ スピリチュアル』としました。

はじめに
思い通りの人生を生きよう

「スピリチュアル」というと、怪《あや》しい世界であるとか、なにか、特別な世界のことのように感じる人もいるかもしれません。あるいは、違和感なく、しっくりくる世界だと思う人もいるでしょう。

どう感じようと、僕たちは「本質」であるスピリチュアリティーをベースにして生きています。そのうえで、この地球独特のルールや習慣の中で、長い歴史を生きてきたのです。

けれども、今この地球は、歴史的な大転換期を迎えています。それは、日本を含め、世界中で起きている出来事をつぶさに見てみれば、一目瞭然《いちもくりょうぜん》でしょう。

そんな中、これまでの常識やルールが通用しなくなってきています。つまり、いままでのやり方や在《あ》り方を根底から変えていかなければ、立ち行かないところまで来ているのです。

僕は、そのことを皆さんにお伝えする役割を選んで生まれてきました。いま、こうして本を書いたり、講演したりしながら、日本や海外で仕事をしていますが、それは、この地球がたどろうとしている、これまでにない大きな変化について、僕たちが今、何を理解し、どう行動していく必要があるのか、に関する情報と役に立つ方法を、少しでも多くの人にお伝えしたいからです。そして、その根底には、本来の僕たちは「幸せ」で「豊か」な存在そのもので、それを経験することは、「生まれながらの権利」であることを知ってもらいたいということがあります。


ところで、あなたは今、満ち足りた人生を送れていますか？

あなたの人生は、自分の思う通りになっているでしょうか？

もしも、答えが「NO」だとしたら、または、「NO」ではないにしても、「YES」とは言いがたいところがあると思ったなら、あなたの意識の使い方と生き方を変えるチャンスかもしれません。


あなたは実際、思い通りの人生を生きることができます。

それを憶《おも》い出すために、あなたは今、この本を手にしています。

すべてのことは必然です。

この本の、この頁を開いていることも、偶然ではありません。宇宙は完璧であり、偶然を装って必然を届けるのです。


さて、あなたにとって「最高の人生」とは、どのようなものでしょうか？

何が最高なのか？　どうなれば最高と思えるのか？

それを考えたときに直面するのが、「豊かさの定義」です。


ということで、あなたにとって「豊かさ」とは、どのようなものでしょうか？

たとえば、「お金の豊かさ」であれば、「1億円以上持っている」というのが豊かさだと思っている人もいます。つまり、「たくさんのお金を持っている」ことが豊かさの定義になっているんですね。

その一方で、1万円で豊かさを感じられるという人もいるでしょう。

つまり、自分が「何に豊かさを感じるのか」という価値観によるわけですが、僕が皆さんに提案したい、新しい豊かさの定義は、

「やりたいことを、やりたいときに、やりたいだけやれる」というものです。形や型にとらわれず、とても自由な感じがしませんか？

ではどうすれば、その豊かさを享受《きょうじゅ》できるのでしょう。

「満ち足りている！」と感じながら、この人生をすごすことは可能なのでしょうか。

もちろん、その問いに対する答えは「ＹＥＳ」です。

その秘訣をお伝えするのが本書なのですが、知識をいくら詰め込んでも、あなたの意識が変化し、生き方に変わらなければ、実際に豊かさを受けとることはできないでしょう。なので、「満ち足りて暮らす」ための知恵を、さまざまな角度からお話しし、さらに、それが可能な意識へとシフトするためのエネルギーワークもお伝えしますので、楽しみながら実践していただけたらと思います。

それでは、新たな豊かさへの旅がスタートします。準備はＯＫですか？

もくじ

第1章　あなたの本質に取り巻いている世界

第2章　無意識の眠りから目醒める

第3章

宇宙意識で人生を生きる

第4章

クリエイティブな自分の始まり

本書は2023年1月14日に開催された『「最高!」を生きる考え方』出版記念講演会での講演を加筆、編集したものです

満ち足りて暮らす！　スピリチュアル

第1章

あなたの本質に取り巻いている世界

「豊かさ」の定義を書き換える

これまでの時代は、たくさんのお金を持っていることが豊かさの定義といっても過言ではありませんでした。

でも、これからの時代は、お金に対する価値観も変わっていこうとする中、少ないお金であっても、それをどう使うか、どう活《い》かしていくかに意識を向ける人たちが増えてきているように感じます。それは、物質的な充足感よりも、精神的な充足感をより大切にする流れとも言えるでしょう。

もはや、「数の多さ」がそのまま豊かさにはならないということに、多くの人が気づき始めたのです。

それは、お金のことだけではありません。

たとえば人間関係で言うなら、友人は何人いますか？　と質問すると、「私は友人が少なくて、1人か2人ぐらいしかいないんです」という人がいます。

もちろん、たくさんの友人を望んでも構わないのですが、自分のことを理解しようとしてくれて、一緒にいることで、楽しさや喜びを感じられる友人が一人でもいたら、それは豊かなことではないでしょうか。

LINEなどのSNSで何百人、何千人とつながっていても、その人たちが「友人」とはかぎりません。むしろ友人とは言えない人のほうが多いのではないかと思います。

顔も思い出せないような人と何人つながっていても、それが豊かな人間関係を築いているとは言えないでしょう。そんな中、自分にとって心から友人と思える人、仲間と思える人が1人でもいたら、それは豊かなことですよね。

それなのに、「1人しかいないんです」「少ないんです」と言ってしまうわけです。

これは、そんなことを言ってはいけません、というお説教などではなく、そうした意識と言葉を使うことで、あなたの人生から、どんどん「豊かさ」が遠ざかっていってしまうため、気をつけましょうね、というアドバイスなのです。

なぜ豊かさから外《はず》れていくのかと言えば、「ない」ほうにフォーカスしているからです。

「これしかないんです」という考え方――。

「友達が数人しかいない」

「貯金はコレしかない」

この「コレしかない」という限定的な意識を「不足の意識」といいます。

この意識を使っているかぎり、あなたの人生が満たされることはありません。

つまり、僕たちは、自分の意識で自分の現実をつくっていて、それは誰も逃れることのできない宇宙の真理なのです。

天皇陛下であれ、各国の大統領であれ、「高次の存在」と呼ばれる存在であれ、変わらない事実です。

言い換えれば、「自分の意識の反映が、自分が体験する現実である」ということなのですが、だとしたら、そのことを、どう人生に活かしたらよいのでしょうか。それを考察してみましょう。

豊かな在り方を体験する

たとえば、豊かになりたいと思ったときに、どんな意識でいればよいのでしょう。シンプルに「ない」という意識にフォーカスする在り方から、「ある」という意識にシフトさせればいいだけですよね。

「そんなことはわかってますよ」「そんなことは知っています」

そんな声が聞こえてきそうです。たくさんの本を読み、いろいろな人の話を聴いて、学んできたという人も多いでしょう。僕も事あるごとに、そのことを伝えてきました。

「もう耳にタコですよ」と言いたくなる気持ちも、よくわかります。でも、知識や情報は、生き方に変えてこそ、役に立つのです。

「知っている」というのは、知識の状態で止まってしまっていて、体験として落とし込めていないということです。

それは「豊かな在り方」を体験することができないことを意味しています。

僕も昔は、どちらかと言えば、「ない」ほうに意識が向いていたときがありました。「ない」ほうにフォーカスしていると、たとえば大好きなホールケーキがあって、それを半分食べると、「もう半分しかない」と思いがちです。でも「ある」ほうにフォーカスしていると、「まだ半分も残っている」と思えるのです。当然、後者の意識ほど、豊かになれます。

「不足の意識」ではなく、「満たされている意識」だからです。

不足にフォーカスしていれば、その意識が反映されることで、「ない」という現実がナチュラルになります。そうなれば、あれも足りない、これも足りないと、「ない」状態が目立つようになり、当然、満たされることはありません。

人生のメカニズムは、とてもシンプルです。「ない」意識から、「ある」意識に変われば、あなたは「不足している状態」から抜けることができるでしょう。

刷り込まれた思い込みを手放す

繰り返しますが、人生のメカニズムはとてもシンプルです。

でも、あまりにもシンプルすぎるために、多くの人が重要なことと認識しません。

言い方を換えると、「そんなことで変わるわけがない」という観念から抜け出せず、それを試してみようとさえしないのです。

いままでに刷り込まれた、洗脳とも言える思い込みが、誰にもあります。

「人生は、そんなに甘いもんじゃない」

「お金は、そう簡単に貯まらない」

そうした意識を使い続けていれば、あなたの人生はその通りになるということです。

では、いまのあなたは、どのような意識で生きていますか?

これは、「ない」意識が悪い、「ある」意識が良いということではなく、また、どちらが劣《おと》っているとか優《すぐ》れているとかという話でもありません。

単純に、あなたが豊かになりたい、と望んでいて、意識の在り方や使い方が、その望む方向と逆走していたら、もったいないですよね、ということです。

「人生はつらいもの」

「現実は厳しいもの」

「生きていくのは、つらく苦しい」

そう考えるのは、ある意味で当然かもしれません。僕たちは、自分の体験を通して、現実に意味づけしてきているのですから。でも、その観念や先入観を変えることなく使っていれば、そういった人生を生き続けることになります。

仏陀《ぶっだ》の言葉に、「人は考えた通りの人間になる」というのがありますが、それは紛《まぎ》れもない事実です。

「あなたが何を信じているか」

それが、そのまま現実となって、人生に反映されます。

僕たちの本質は「豊かさそのもの」なのですが、それを長い歴史、忘れ去って生きてきました。それを僕は「眠りの生き方」と呼んでいます。

でも今、この地球は大きな転換期を迎えていて、眠りから目を醒《さ》まし、本来の豊かな意識を憶い出すことで、この惑星や生きとし生けるものすべてが、満たされた生き方、在り方にシフトしていくことが求められているのです。

いままでの古いやり方が通用しなくなり、新しいやり方を模索する必要があることは、世界情勢をつぶさに見渡せば、自《おの》ずとわかるでしょう。だからこそ、僕たちの意識改革が大切であり、そのためには、これまでに刷り込まれてきた観念や概念を手放し、本来の自分の人生をスタートさせるための決意が必要です。

もちろん、僕たちには自由意志があり、いままで通りの人生を歩むことも自由です。でも、あなたは「満ち足りて暮らす」という、人間本来の豊かさを求めて本書を手に取ってくれたのですから、深いところでは、きっと決めているのでしょう。

そして覚えていてください。あなたが本来の自分の意識に目を醒ますとき、あなたの人生に、奇跡が起きてくるのです。

不足の意識を切り替える

常識的にはあり得ないことが起きるとき、人はそれを「奇跡」と呼びます。

これまでは「ない」に意識を向けていたため、望みや願いが、いとも簡単に叶《かな》ったり、普通にはあり得ような形で実現したりすることがなかったのです。だって、「奇跡なんて、普通には起こり得ない」と信じて疑わなかったわけですから。

かくいう僕自身も、昔はいつも、不平不満の多い毎日をすごしていました。

「なんで、こんな世の中なんだろう」

「どうして、この人はわかってくれないんだろう」

人に対して口に出すことはありませんでしたが、頭の中では、いつも文句がグルグルとまわっていました。

そんなあるとき、「現実の仕組み」というものを知ることになります。

もちろん、高次の存在から教えられたこともありますが、最初は、本から学びました。ビジネス書や自己啓発書、スピリチュアルの本など、興味を持って探してみると、良書、名著がたくさんあります。

そういったものを読んで、「なるほど！」と納得したこともありましたが、結局は、「本の通りにはいかない」と落胆《らくたん》したことのほうが多かったのです。

いまになってみれば、当時の僕がやさぐれていたせいだとわかります。

何を読んでも、「こんなの嘘じゃないか」と思っていたのです。でも、どんな理由をつけようと、自分の意識が現実に反映するわけですから、「不足の意識」が強化されることはあっても、そこから抜け出すことは、なかなかできませんでした。

おまけに、「ない」という意識から抜けられないのは、生まれついてのものもあるだろうし、星まわりだってあるだろうし、などと苦しい言い訳をしていました。

そんなふうに、自分ができないことを認めたくなかったので、「今週の星占い」なんていうのも見てみるわけですが、そこに「すごくラッキーな1週間！」「素敵な出会いが待っているでしょう」と書いてあっても、別にラッキーでもないですし、そんな出会いもないわけです。

その結果「やっぱり嘘じゃないか」と、さらにやさぐれていくことになります。つまり、体験を重ねながら「ない」という観念が、どんどん強くなっていったのです。

その間も本は読んでいたので、知識だけは増えていきました。だから、方法論はよく理解していましたが、それだけでは役に立ちませんでした。

そんなある日、「感謝の気持ちを持ちましょう」と、いかに感謝が大事であるかが書かれた本を読みました。

感謝こそ、チャンスや成功、強運を引き寄せるもとだと言うのです。

それは、もちろん知識のうえでは知っていました。

だから感謝について考えたり、たくさん「ありがとう」と言うようにしたりしていました。でもあるとき、感謝の気持ちが欠如《けつじょ》していることに気づき、言葉だけが空まわりしているような、虚《むな》しさを感じたのです。

外ではなく自分に意識を向ける

感謝は、無理やりするものではなく、自然に湧いてくるものです。いくら言葉で感謝を述べても、意識が変わっていないので、結局、不足に意識が向き、不平不満がつのっていくのです。

「どうせ、できない」

「きっと、うまくいかないだろう」

「やっぱり、どうにもならない」

「こんなに努力してきたのに……」

そうやって、ネガティブな感情が湧いてくるほど、感謝から遠ざかっていくことに気づき、僕は感謝できる現実を期待する代わりに、いま感謝できるものを探そうと思ったのです。だって、待っていてもやってこないんですから。

たとえば朝、目が覚めると呼吸している自分がいます。これって当たり前のことではなく、寝ているあいだに死を迎えることだってあるわけです。

それに、寝ているあいだも、呼吸器や体の機能が休むことなく働いてくれていたおかげですよね。それによって、今日も僕は生きていられるのだと思ったら、感謝の気持ちが自然に湧いてきます。天候が不安定なときなんかは特に、雨風しのげる家があるというだけで、感謝の気持ちが湧いてくるのです。


ところで、僕は大学を卒業後、整体の学校に行きました。普通の会社員には向いていないなと感じていたので、資格をとって、整体院やマッサージ店で働いていたのです。最終的に落ち着いた場所は歩合制だったので、お客さんが入らなければ、もちろん給料は少ないわけです。

まだ、世間の常識にとらわれていた僕は、毎月、振り込まれる給料の額を見て、「もういい年齢《とし》なのにコレしかないのか……」などと思っていました。

でも、僕は実家で暮らしていたので、家賃も絶対必要なものではなかったですし、食事ができないということもなかったのです。

そんな環境も、僕にとっては、心から感謝できることでした。誰にも頼れずに一人暮らしをしながら頑張っている人もいる中で、僕には両親もいるし、住む家もある。とにかく、感謝できることを数え上げていく日々が始まりました。

最初は、豊かになるために感謝していたところがありましたが、感謝が湧いてくることに気づき始めてから、次から次に感謝できることが増えていったのです。

すると、自分が本当にやりたいことへの道が開けたり、それに必要なサポートが、絶妙なタイミングで入るようになったり、それが経済的な豊かさにつながったりと、みるみる豊かな現実に変化し始めたのです。

現実というのは、まさしく、自分の意識の反映だということを実感するようになりました。なぜなら、感謝が次々に押し寄せてきて、「ない」から「ある」意識に急速にシフトし、不足より充足を感じることが増えてきたからです。つまり、現実と意識の相関関係がよく見えるようになったわけです。

外の現実がどんな状況であれ、自分がそれをどう捉《とら》えるかで、感情を含めた反応がまったく変わることを理解したのです。そして、そうした意識にシフトすることで、現実にもポジティブな変化が起こり始めたんですね。

その後は、外に原因を求めるのではなく、自分にフォーカスしていこうと思いましたし、それしかないのだと気づいたのです。いま振り返ってみると、こうした一連の体験が「統合」を生み出すベースになったことがわかります。


「統合」とは、波動を上げて、どこまでも本質の自分につながっていくことです。外の現実ではなく、自分に意識を向けていくことです。

言い方を換えれば、いかに自分の中にバランスを見出すか、自分の内を調和させていくか、これに尽きると言えるでしょう。

そのためには、後ほどご説明しますが、もし何らかの居心地の悪さを感じたり、ネガティブな考えや感情に苛《さいな》まれたときに、それをそのままにするのではなく、すぐにその場で手放していくことが大切です。

感謝からポジティブな感覚を呼び覚ます

不平や不満、恐れや疑いなど、居心地のよくない感情を感じるたびに、それを手放していくことで、一般的にネガティブな感情と呼ばれるものが、自分の中から、どんどんなくなっていきます。そうした感情を感じられなくなる、と言ったほうが適切かもしれません。そして、そうした感情に取って代わって、ポジティブな感情が、自然に湧いてくるようになります。

その最初のベースになったのが、僕の場合は「感謝」だったのですが、感謝は宇宙でも最も高い波動といわれ、ネガティブな低い波動は共鳴できないため、自然に外れていくのです。

先ほどもお話したように、そこから、いまの「統合」の基礎の情報が降りてくるようになったのですが、共通するのは、ネガティブな感情に目を背《そむ》けるのではなく、きちんと向き合うことです。それは修行などではなく、シンプルに言えば、自分の感情を誰かや何かのせいにせず、これは自分の問題なのだという、自己責任のスタンスを持つということです。

それをしたときに、僕の意識はガラッと変わったのです。

そして、それに呼応《こおう》するように、それまで自分が創《つく》り出していた現実の枠組みが、ガラガラと音を立てて崩《くず》れ始めたのです。それは、整体師からスピリチュアル・カウンセラーとしての自分へとシフトする、きっかけでもありました。

統合が進むと、自分の本当の気持ちや、心からの願いは何なのかということが、明確に捉えられるようになります。

僕たちの「本質」というのは、「魂」や「ハイヤーセルフ」などと呼ばれ、「本当のあなたに関するすべてを知っている意識」です。

本来のあなたは、そうした意識そのものなので、「自分のことがわからない」というのは不思議なことなのです。

それなのに、「自分が何をやりたいのかわかりません」という人が、まだまだ多くいます。

なぜ、そんな状態になるのかと言えば、「本質」のまわりを覆《おお》うように、「不安」「恐れ」「できない」「やれない」といったネガティブな感情が取り巻いているからです。

そのため、「本質」が隠れて見えなくなってしまうわけです。

そのことが、あなたを「わからない」という状況に追い込みます。

では、どうしたらいいのかと言えば、本質のまわりを覆っているネガティブな感情のエネルギーを、気がつくたびに、取り除いていけばいいのです。

問題が起きたと思ったら、その出来事に意識を向けるのではなく、そのときに感じている心地よくない感情を捉え、それを手放すわけです。

そうして、本質を取り巻くものがなくなるほどに、あなたという本質の光が現れていくことになります。これは比喩《ひゆ》などではありません。

僕たちは本来、光そのものです。

その光に気づいたとき、あまりの美しさに、あなたは涙を流すかもしれません。

僕は、自分の光に触れたときに、涙があふれて止まりませんでした。

それは悲しみの涙ではなく、「やっと、探していたのものに出会えた」「懐かしい人と再会した」というような、言葉にするとチープになってしまうのですが、それこそ魂が震《ふる》えるほどの感動から出てくる涙なのです。そして「あぁ、ずっとこの光を探してたんだな」と心の底から感じたのを覚えています。

こうして、自分の本質につながったとき、

「すべては自分の中にある」

「もう、何かを求めて外を探さなくていいんだ」

という体感が湧いてきたのです。

それまでは「豊かさ」を探しに、たとえば自分にふさわしい人を探しに、ふさわしいものを探しに、と、常に外に求めていました。

でも、「外に意識を向けるのではなく、自分に意識を向けるのだ」ということに本当の意味で気づいたとき、「本質」につながったのです。

すると、「何だ……探してたものは全部、最初から自分の中にあったんだ……これからは外に何かを探しにいく必要はない……」という大きな安堵感《あんどかん》に包まれたのです。

本気で外に探しに行こうとすれば、それこそ大変です。日本にあれば、まだいいかもしれませんが、ペルーやヒマラヤの奥地まで行かなくてはならないかもしれません。そして、そこに行けば「何か」が見つかるかもしれないし、見つからないかもしれません。さらに、行くのが難しいと判断するような場所であれば、「そこには行けない」「自分にはできない」という「ないの意識」に苛まれるわけです。

でも、すべては自分の中にあるんだということが、知識ではなく、体感で蘇《よみがえ》ってきたときに、

「自分にとって本当に大切なものは、目に見えるものではなく、見えないものなのだ。そして、この地球を生きるうえで、物質的なものが必要になれば、この本質の光が磁石のように磁力を発し、必要なものはすべて最高のタイミングで、しかも最善の形で目の前にもたらしてくれる。なぜなら、この光が自分のすべてであるのだから……」

という気づきに包まれたのです。

美しい存在としての自分自身を知る

「幸せ」や「豊かさ」を外に探しに行かなくてもいい。
そう思うだけで、自分の中に安堵感が広がります。なおかつ、その安堵感に浸《ひた》って
リラックスした状態でいると、さらに深く、光そのものである本質とつながり、自分
がどれだけ美しい存在なのか、ということがわかります。
僕たちはもともと豊かさそのもの、至福そのものの存在である、という体感が蘇っ
てくるのです。
そういう感覚を一度でも体験すると、もう「幸せになるために結婚しよう」とか「豊
かになるために仕事に就こう」という意識がなくなります。
「自分はすでに、幸せであり豊かである」ことを知っているからです。

そして、その感覚が、自分のベースになります。

「現実というのは意識の反映」なのだとしたら、その意識で生きるようになったとき、あなたの人生に何が現れるかは、言わずもがな、でしょう。


これこそ、まさに奇跡でした。

いままでの人生で起きたことがないようなことが、次々に起きていきました。

人生が180度、変わってしまったのです。

それも、たった3カ月で、それまでの世界がガラガラと音を立てて崩れ、気づいたら、満たされた世界に立っていた、という感覚でした。


満たされた意識で存在する——。

本当の意味で幸せになりたいと思ったら、本来の意識を取り戻す必要があります。

でも、それができたとき、本当に求めていたものが、明確な「答え」となって、自分の中に降ってくるようになります。

「ああ、自分はこれをしたかったんだ」

ということがはっきりして、その心から求めていたことに、もっと深くコミットすることができるようになるのです。

そうして、本質とつながる生き方をすればするほど、自分の中の光は輝きを増すようになり、実際あなたは「光輝く存在」になります。

スピリチュアルな世界において、「あなたは光の存在です」という言葉は、よく耳にされることと思います。

僕も、知識としてはもちろん、自分が光だということは理解していました。

でも、それはあくまでも比喩的に表現しているのだろう、くらいにしか思っていなかったのです。

ところが、自分の中にその光が宿っていることに気づいたとき、言葉では表現できないほどの歓喜に満ちた体感が、まるで体を貫《つらぬ》くような衝撃とともに走り抜け、圧倒されました。

真実に触れた瞬間ですが、それでもまだ、その入り口でしかありません。

一端に触れたに過ぎないのです。

それなのにもかかわらず、ものすごい衝撃が自分を駆《か》けめぐり、意識に大きなインパクトを与えたのです。

すると、外側の現実に影響されるという外向きの在り方から、その意識が、急速に自分の内に戻り始めるという、「意識の反転」を体験し、「現実に参加する」意識から「現実を観察する」意識へとシフトし、外を何とかしようという在り方から解放されることになります。

「すべてが自分の中にある」、つまり、現実だと思っていたものは、意識の反映にすぎないわけですから、「自分に集中し、自分を整えるだけ」であることが、腑《ふ》に落ちてわかるようになるからです。

「自分を整えていく」というのは、自分を幸せにしてあげる、ということです。

「自分を幸せにしてあげる」のに、外は関係ありません。

自分が、すでに幸せであることに気づくだけでいいのです。

自分の中にすべてがあるというのは、そういうことです。

「豊かさ」は自分の中に存在していることがわかれば、意識的に望まなくても、次から次へと魂レベルの望みが具現化する「最適化」という現象が起きてきます。

拙著『「最適化」の世界』（きずな出版）で詳しくお話ししていますが、「最適化」するというのは、「ゾーンに入る」などと表現されることもありますが、シンクロ（意味のある偶然）に導かれながら、あなたの魂が望む「最善・最高」が、次々に現実化される状態のことです。

本来の僕たちは、そうして宇宙の流れに抱かれながら、自動的に「幸せ」で「豊か」な状態へと導かれていくものなのです。

第2章

無意識の眠りから目醒める

奇跡はナチュラルに起こる

僕が本来の自分とつながることができたのは、ガイドたちのサポートのおかげでもあります。

ガイドというのは、日本では「守護霊」と訳されることが多いですね。

彼らは、僕が生まれたときから常に一緒にいてくれましたが、最初から今のように自由に交流できていたわけではありませんでした。

僕の場合は、ヒプノセラピストの門脇法子《かどわきのりこ》さんと出会い、ヒプノセラピーを受けたことがきっかけになって、ガイドたちとのコミュニケーションの扉がパーンと開きました。

それまでは、彼らから伝えてくることを必要なタイミングでキャッチする、というスタイルだったのが、ヒプノセラピーを受けたのを機に、双方向に自由に交流できるようになったのです。

そんなある日、僕の人生に起こった奇跡的な出来事に関して誰かに伝えたい、という衝動に駆られ、まずは、ガイドたちに興奮しながら伝えたことがありました。

「こんなことが起きました！」

「あんなふうになったんです！」

「そんなことが起きていって……」

というように、いちいち自分の奇跡体験をガイドたちに報告するわけです。

すると彼らは、もちろん、きちんと耳を傾けてくれましたが、最後に衝撃的なことを言い放ったのです。

「それは自然なことですね」

僕が奇跡のように思っていたことを、いとも簡単に、そして穏《おだ》やかに「自然なこと」

と言われたことに、とてもびっくりしました。

「奇跡と呼ぶのは、それが起きる可能性はほとんどない、という意識からの発想ですよね？　でも、無限の可能性を持つ、あなた本来の意識からの発想であれば奇跡は自然なことなんです」

そう、ガイドたちにとって、僕たちが奇跡と呼ぶものは、自然なことなのです。

つまり、奇跡というのは自然に起きるもの、ナチュラルなものなんだということを本当に理解したら、あなたの人生は、奇跡の連続になるということです。でも、そうなったら、もはや奇跡とは言えなくなりますね。

正直に言うと、ガイドたちから「それは自然なことですね」と言われたときは、少しがっかりしたのを覚えています。本当は「ほう、すごいですね、よく頑張りましたね！」などと褒めてほしかったのですが、そうは言ってくれませんでした。

でも、そうしたことがまた、僕の目が醒めるきっかけになりました。

彼らは、僕たちを甘やかすことは、決してありません。

僕のガイドたちもそうですし、あなたを守り導いているガイドたちも同様です。

ときには、

「ガイドがいるはずなのに、なんで、こんな不幸な人生を送らなければならないんですか！」

と文句を言いたくなるようなこともあるでしょう。

僕もそうでした。

ガイドたちに、さんざん悪態をついていた時期もありました。

「クリスタル・チルドレン」とか「インディゴ・チルドレン」と呼ばれる、特にスピリチュアルなテーマを持って生まれてくる子どもたちがいるのですが、もともと僕はクリスタルとインディゴの両方の気質を持っているので、非常に気が強いところがあるのです。

気が強いというのは、これ！　と決めたら、どんなことにも果敢《かかん》に挑《いど》んでいく、というところです。

とくに理不尽なことに対しては許せない、許さない。黙っていられなくなるのです。

インディゴは戦士の気質を持っているので、たとえ負けるとわかっても、自分が大切にするものに関しては、戦いに行ってしまうのです。

そんなこともあり、

「どうして、こんなに頑張ってるのに、助けてくれないのか？」

「完全に向こうが悪いのに！」

などと、悪態をついたりしたこともあったのです。

それでも、彼らは決して腹を立てたり、怒ったりせず、一つひとつ丁寧に向き合い、僕にわかりやすく、さまざまなことを教えてくれたのです。

そんな姿を見るたびに、「僕も、彼らのような存在になろう」と心に決めたのを覚えています。それほど彼らは、愛も懐《ふところ》も大きい存在なのです。

あなたが最高の人生を生きたいと望むなら

あなたが「最高の人生を生きたい」と心から思うなら、自分の本質につながることです。それこそが、最高の自分だからです。

たとえば経済的な問題や人間関係の問題で、なにかの成功法則といったものを、つけ焼き刃《ば》的に使って、一時的にうまくいったとしても、その問題を生み出した意識が変わらなければ、その効果は長く続かないどころか、また同じような問題を、違う場所、人、シチュエーションは変えながら、体験することになるでしょう。

でも、自分の本質につながれば、「本来の無限の可能性」が視界に入るようになるので、たとえ問題を生み出したとしても、最善の解決方法が降ってきて、それを元に取り組むことができるようになるのです。しかも、その現実を反映させるのに使った感情のエネルギーを手放すことで、その後、似たような現実を体験することもなくなるわけです。そして、いままでのネガティブな体験に取って代わって、あらゆることが、シンプルにスムーズに流れ始めるのです。

なぜ、そうなるかと言えば、「本質」は、そうした周波数で振動しているからです。

つまり、僕が常日頃お伝えしている**「こひしたふわよ」**です。

「こひしたふわよ」というのは、

「心地よい（ここちよい）」

「惹かれる（ひかれる）」

「しっくりくる」

「楽しい（たのしい）」

「腑に落ちる（ふにおちる）」

「ワクワクする」

「喜び（よろこび）を感じる」

の頭文字をとったものです。あなたが感じる「こひしたふわよ」を選択や行動の基準にすることで、本来の自分とつながることになります。

なぜなら、それこそが「本質」の周波数そのものだからです。

周波数（感情）が現実を映し出すフィルムになっているのですが、そのポジティブな周波数が現実に反映されるわけですから、人生がうまく流れ始めるのは、自然なことと言えるでしょう。

あなたが本当の意味での豊かさを享受したい、幸福感を感じたいと言うのなら、形を求めるのではなく、目に見えない本質を求める以外にはありません。

どんなに理想の家を手に入れようと、外見も性格も完璧な理想のパートナーと出会おうと、信じられないくらいの豊かなお金が得られる仕事に就こうと、それを手にした瞬間から、こんどは「これを失いたくない」という思いにとらわれることになります。本来の自分から離れてしまうことで、ネガティブな感情とつながり、真に「満ち足りた暮らし」から遠ざかってしまうのです。

逆に言えば、どんな現状であったとしても、あなたはすぐにでも、満ち足りて暮らすことができるわけです。

疑いの周波数が平和な関係を乱す

たとえば、パートナーが欲しいと願っていた人は、いよいよパートナーと出会えたときに、「せっかくできたパートナーを失いたくない」という恐怖や不安に駆られます。

「この人は自分のことをずっと好きでいてくれるだろうか」

「この人に嫌われたくない」

そう思うと、その人を失わないための努力が始まります。

けれども、「失わないための努力」というのは、つねにネガティブな感情がベースになっているので、努力すればするほど不安な側面が見えてきます。

「あれ？　最近、私の目を見なくなってきてる」とか、「他の人と楽しそうにしてる」

などと、どんどん疑心暗鬼《ぎしんあんき》になっていくのです。

そうなると、現実を映し出すフィルムは「疑い」そのものなので、実際に、疑いが満載のドラマを映し出し、自ら、その関係性を壊《こわ》していくことになるのです。

相手はあなたに対して何の疑いも持っていなくても、自分が疑いの周波数というフィルターを使ってその人を見ているので、何をどう言っても、疑いしか感じられなくなるのです。

それに対して、「本質」というのは、まさに「在り方そのもの」なので、「こひしたふわよ」の周波数に一致していたら、現実という外がどんな状況であったとしても、あなたは、つねに幸せを感じていられます。

つねに豊かさを感じられます。

つねに平和で、穏やかでいられます。

そのことに気づいた人から、本当の意味での最高の人生がスタートすることになります。

いまは、まったくお金がないかもしれない。

いまはまだ、パートナーがいないかもしれない。

それでも、あなたは豊かなのです。

現実と、あなたの体感は、実はまったく関係がないからです。

それがなかなか理解できないのは、これまでは外の状況、つまり現実によって、自分の幸不幸が決まると思ってきたからです。

言い方を換えれば、現実によって、僕たちが何を感じるかが決まる、という大きな誤解をし続けてきたからなのです。

だって、あなたは「周波数（感情）が先で、現実が後」とは思っていませんでしたよね？　自分の使っている感情のエネルギーがフィルムになって、現実を映し出しているなんて、ナンセンスだと思っていた……それくらい、僕たちは深く眠ってきたわけです。

それゆえ、どうしても「結果がすべて」「現実がよくなることが何よりも大切」という考え方がベースになりがちです。

そのため、「あの人よりも自分は劣っている」とか「自分のほうがあの人よりも多く持っている」などという比較が始まり、挙《あ》げ句《く》の果てには、それによって自分の価値や幸せが決まるのだ、と本気で信じ込んでいるのです。

その生き方をずっと続けてきたので、なかなか、その意識をシフトさせることができません。つまり、意識を反転させることができないのです。

でも、それが理解できるようになると、外の現実に振りまわされることがなくなります。不安や恐怖を感じられなくなる代わりに、幸福感や豊かさを、より強く感じられるようになり、それが人生に反映されるのです。

外は関係ないんです。

たくさんの人に囲まれているから幸せなわけではないんです。

一人でも幸せなんです。

パートナーがいても幸せ、いなくても幸せなんです。お金があってもなくても、幸せなのです。それをぜひ、知っていただけたらと思います。

新しい地球にふさわしいシステム

自分の本質につながっていれば、あらゆる面で満たされる。

目を醒ましていくというのは、この意識で存在するということです。

「新しい地球」に関してお話しするようになって、もう何年もたちますが、この新しい地球に住む人、いわゆる新人類というのは、まさに、この意識を持つ人たちです。

もちろん、これまでは、そうではありませんでした。

その眠りの意識によって生み出されてきた文明というのがあったわけですが、今それが、新しい地球にシフトするにあたってガラガラと崩壊《ほうかい》していっています。

「政治」「経済」「教育」「医療」その他あらゆる面で、その他いろんなものが、あちこちから、火の手を上げるように問題が勃発《ぼっぱつ》し、これまでのやり方では、もう立ち行かないところに来ています。

そうした「新しいやり方」についての模索が、急速に始まっているのが今であり、だからこそ混沌《こんとん》としているわけです。

そして、いろいろなところで言ってきたことですが、あらゆるものが崩壊します。

古い地球で生み出されたシステムは、今後、通用しなくなります。

当然、新しい地球には、それにふさわしいシステムが、必要になります。

つまり、これまでの古いシステムが壊れた後には再建が始まり、新しい地球にふさわしいシステムが生まれてくることになります。

でも、こうした変化は、外が勝手に変わっているのではなく、僕たちが急速に意識を変えようとしているからこそ起きていることは、もう皆さん理解されているでしょう。

世界はなぜ、こんなにも混沌としているのでしょう?

それは、あなたの中が混沌としているからです。

どうして世界は、こんなにも揺れ動いているんですか？

それは、あなたの中が揺れ動いているからです。

どうして揺れ動いているのでしょうか？

それは、変化するときだからです。


変わるときというのは、動くのです。

動かなければ、変わることはありません。

だからこそ、僕たちの中が揺れ動いているのです。

たとえば渡り鳥は、これまでの安定した気流から次の気流にシフトしようと上昇を開始すると、次の気流のあいだは「乱気流」になっていて、バタバタと羽をバタつかせながら、移動することになります。そして、新たな気流に乗ると、また安定して飛べるようになるわけです。

僕たちは、まさに、その乱気流を越えていこうとしている真っ最中なんですね。

そんなときは、バランスを崩しやすく、ストレスを感じがちです。もっと言えば、激しくエネルギーが動くことで、自分の中にある、本質を覆うネガティブな感情のエネルギーも動かされ、いつも以上に心が乱れる、ということが起きてくるわけです。

「どうして、いつまでも戦争をやっているのかしら」

「ミサイルが飛んできたらどうしよう」

「会社はどうなるんだろう」

「お金はどうしたらいいんだろう」

そんなふうに、あなたの感情が揺さぶられたときほど、外ではなく自分に意識を向けましょう。

その不安や恐れを手放して、自分の本質につながれば、あなたの最善・最高を熟知している、その意識から、「いま自分はどうあるべきか」「何をするのが今いちばん大切なのか」といったことが、インスピレーションで降りてくるのです。

それがあれば、あなたは、どんな状況にも対応することができますし、それこそが「最高の人生」につながるのです。

シンクロで導かれていく

自分にとっての最高が本質に宿っているのだとしたら、その本質に如何《いか》につながっていくか、になりますよね。すでにお話ししたように、「こひしたふわよ」に従って生きることも、その方法の一つになりますが、エネルギーワークといって、イマジネーション（イメージの力）を使いながら、特定の手順を踏んでいくことで、意識に望ましい変化を起こすことができる方法もあります。

僕が提供しているワークというのは、すべてが自分の本質につながるためのものです。それは、自分につながりさえすれば、あなたに必要なことはすべて、わかるようになるし、もたらされるようになるからです。

つまり、「最適化」が起きるわけですが、「必要なものが、必要なときに、必要なだけ手に入る」のです。

新しい地球に住むことになる、これからの人類は、シンクロに導かれる人生になります。

あなたは、「宇宙の流れ」に一致しながら生きていくことになります。

たとえば喉《のど》がカラカラなのに、近くに自販機もなければ、水道もないというとき。

突然、向こうから人が歩いてきて、あなたと目が合うと、持っていたジュースを見せて、

「飲む？　私、いらなくなっちゃったんだけど」

「ちょうど喉が乾いてたんです。ありがとう」

「どういたしまして。私も助かったわ！　じゃあね」

そんな世界になっていきます。

出会いはもちろん、あなたが体験する現実のすべてが、シンクロに導かれ、魔法のような人生になるのです。

まさにそれが、新しい地球で、新人類である僕たちが体験する在り方なのです。

最高だと思いませんか？


それは、何かに備えて、あらゆるものを潤沢《じゅんたく》に持っている必要のない世界です。

必要なものが必要なタイミングで賄《まかな》われるのですから。

たとえば、これからの経済は、いままでのピラミッド構造の仕組みは崩れていきます。

新しいお金の価値観、新しい経済の仕組みが生まれてくるでしょう。

お金はいずれなくなりますが、急になくなることはありません。

「預金封鎖が起きたらどうするんですか」とか「お金がなくなったらどうしたらいいんですか」と心配する人もいますが、その不安こそを手放していきましょう。

ただ、変化は加速することになります。

お金は暫《しばら》くなくなることはありませんから、銀行もすぐにはなくなりませんが、やはり潰《つぶ》れるところは、まだまだ出てきます。

それも、これまでの経済システムが崩壊していくプロセスであり、ここは越えていく必要のある大事な通過点であると言えます。

でも、そんなふうになっていきながらも、僕たちは大丈夫です。

昨今の世界の動向を鑑《かんが》みて、「人類は滅亡するんですか」と質問されたことがありましたが、「絶対にありません！」と答えました。

人類は滅亡したりはしません。

この地球は、皆さんの記憶にないだけで、これまでにも何度も何度も、危機を乗り越えてきたのです。それでも滅亡などしていないでしょう？

たくさんの命が亡くなることはあっても、生き残ってきた歴史があるわけです。

いまの僕たちもそうです。

核戦争が起きて、人類が滅亡したらどうしましょうと言われたこともありますが、たしかに、人類が核戦争を起こすようなことがあれば、それは滅亡するでしょう。

核の保有率、保有量というのがありますが、それを全面戦争で使ったりしたら、この地球は木っ端微塵《こっぱみじん》になります。そうなったら、手の打ちようはありません。

つまり、肉体を脱ぐしかないということです。

でも、安心してください。

そのようなことが起こるタイムライン（可能性）は回避されていますから。

これからも、戦争の危機を煽《あお》るような報道が、さまざまな媒体《ばいたい》を通して出てくるでしょうが、皆さんはブレることなく、出てくる不安や恐怖を手放し、自分の本質とつながり続けてくださいね。そして、そうした在り方こそが、新人類として進化していく僕たちにとって大切なことなのです。

今世の目的のために必要なこと

あと10分でミサイルが来るとしたら、どうしますか？

逃げますか？　それとも、逃げても逃げきれないと諦《あきら》めますか？

僕なら、同じ選択をした人たちとお酒でも飲みながら、「来世は何する？」なんて話をするのもいいかなと思います。

それくらいの余裕をもって、ゆったりすごせたら最高ですよね。

だって、「本質」は永遠なのですから。

肉体を突然に手放すのはショックかもしれませんが、次の人生のために突発的に見えるような形で肉体を脱ぐ、ということもあるのです。

僕には、生まれ変わりの記憶がいくつかあるのですが、一つ前の前世では広島で被爆して亡くなっています。

ここからは「夢物語」として読んでいただいても構いません。

また、あえてこのお話をするのは、「魂の成長における、魂の選択」の一つのケースとして、戦争にかぎらず、大変な思いで生きていらっしゃる方たちにも、何かしらの気づきになれば、と思ったからです。

なぜなら、魂という本質にとって、肉体を持つ経験は、大きく成長できるチャンスであり、僕たちの常識的な観念では理解しがたいことを、自らの成長のために行うことがあるからです。

それでは、話を元に戻しましょう。

前世の記憶の中、その広島で、僕はサチコという7歳の少女でしたが、その日、当時の母親に叱られ、家を飛び出したのを覚えています。そして泣きながら走る中、それは起きたのです。

爆心地だったため、一瞬でした。強烈な光を見たとも、感じたとも言えるような感覚のあとは、覚えていません。

だから苦しいとか、つらいということは、僕の場合は一切なかったのです。

「光」は、導きや希望、そして願いや望みのシンボルとして使われることもありますが、それだけ「パワフル」なものと言えます。

それは波動をも引き上げるのです。

僕は、今世の人生の目的のために、一気に周波数を上げる必要があったので、それを使いました。つまり、これは魂レベルからのものですが、自らその体験を選択したのです。

そして、その光を受けることで、一気に波動を上昇させました。

被曝されて、大変な思いをされながら生き抜いてこられた方もいます。

一瞬にして亡くなられた方もいます。

特にこういった戦争の話は、それこそ理不尽で耐えられないようなことがたくさんあるわけですが、そのような体験をされた方たちも、さまざまな魂の目的があって、体験していることは間違いありません。

ある事柄に関して、一つの角度から、「こんなことをしてはいけない」「これは不幸なことだ」というふうに見るのは、ある意味、簡単です。

でも、目を醒ましていく、本質につながっていくというのは、その一つの出来事にも、あらゆる角度から見る視点が備わるということです。

それは、その裏に隠された真実を見抜く、真の意味に気づく認識力や感性が拡大していくということでもあるのです。


スピリチュアルな話題の中で、人は多次元にまたがって存在している、という話を聞いたことがあるでしょう。

まさに、この多次元で生きているのだとしたら、多角的にものを見る視点を意識することが、とても大切になります。

そうした視点を持つことが、多次元にまたがる自分を思い出していくうえでも、役に立つのです。

ところで、目を醒ましていくうえで、特に大事になるのが、物事を「善」「悪」という観点からジャッジする在り方を手放すことです。

光側とか闇側などという二項対立構造から抜け出す必要があるのです。

こうした二極は、極端に言えば、水平軸のどちらかに位置しているだけで、一本の磁石のS極かN極かの違いにすぎません。だって、あなたはSが良くて、Nは悪いなんて言いませんよね。

たとえば、闇側と呼びたくなるような存在だって、自分を闇だなどとは思っていないでしょう。それどころか、自分は光側だと思っているかもしれません。

そして、自分は光側だと主張する人たちを、「あいつらは闇側だ」と叫んでいるかもしれないのです。

いまは聖書的な時代だといわれていて、この光と闇の戦い、ハルマゲドンが起きているんだという人もいますが、僕もまさにその通りだと思います。

でも、その本当の意味は、分離（光と闇）を終わらせ、統合（両極を一つにし、ニュートラルになる）への道を模索することであり、何世紀も続いてきた戦いの歴史を終わりにすることなのです。

第3章

宇宙意識で人生を生きる

チャンネルを合わせる

あなたが本来の「完全な意識」から「不完全性」を体験したいと思って、あるときに自分の波動をぐーんと落としました。

「波動を落とす」というのは、統合された意識を分離するということです。

分離すると、まるで細胞分裂していくように、本当はとても大きな意識なのに、何か欠けているような、小さな意識としての体験をすることになります。

でも実際には、本質から離れることなど不可能なので、錯覚でしかありません。

つまり僕たちは、未だに完全な意識でありながら、分離しているかのような感覚を味わっているだけ、それはイリュージョン（幻想）なのです。

だから本当は、あなたは分離などしていないのです。

この瞬間も、あなたはすでに、完全だということです。

だから、あなたは「完全になる」のではなく、ただ「完全性を憶い出す」だけなのです。

「なんだ、自分はこのままで完璧な存在だったんだ」

と気づきさえすればいいわけです。それが本当の意味での、「覚醒《かくせい》」なんですね。


その覚醒には段階があります。

いきなり、その視点にシフトするわけではありません。

完全性に向けて、チャンネルを合わせていくということです。

チャンネルが合っていれば、いずれ、そこに到達するわけですが、全然違う方向を向いていたら、いくら進んでいってもたどり着くことはできません。

では完全性に向かうとはどういうことかと言えば、何度もお伝えしている通り、「こひしたふわよ」に従って選択し、行動する在り方になります。なぜなら完全性とは本質であるからです。とてもシンプルですよね。

さて、本質のまわりを覆っているのは、ネガティブな感情（周波数）であることは、すでにお話ししました。たとえば、あなたという本質が、ドーム型の硬いシェルターに覆われているのを想像してみてください。そのシェルターは、不安や恐怖など、一般的にネガティブといわれる周波数でできています。

覚醒は、そのシェルターがパッカーンと割れ、中から本質の光が現れることです。

宇宙の進化のプロセスにおいて、眠りのサイクルから、目醒めのサイクルへと移行するなか、宇宙からは、高い周波数の光が、ものすごい勢いで流れ込んできているため、それが矢のようにシェルターに当たり、硬い覆いに亀裂《きれつ》が入っています。

いままでは、そうしたエネルギーがやってきても、深い眠りを体験したかったため、弾《はじ》き返していたのです。

だって、シェルターが割れてしまったら、目が醒めてしまいますから。でも、サイクルが変わった今、僕たちは目を醒まそうと、高次のエネルギーを受け入れ始めたのと同時に、こうした目醒めの情報に耳を傾け始めたのです。

これまでの設定を解除する

では、この強固なシェルターを設定したのは誰なのでしょう？

それは、「あなた」です。あなたが自分で設定したのです。

僕たちは、自らのパワフルなエネルギーを使って、「分離」を体験するために、魔法をかけたのです。

自分で自分に魔法をかけて、「本質」に宿る完全性を体験できないようにしたのです。何のために？「ネガティブ（分離）」な体験をしてみたかったからです。完全な意識では体験できないもの、すべてを味わいたかったのです。

そう考えると、僕たちは、すごい力を持っていると思いませんか？

全知全能の力を持つ意識が、まるで何も知らない赤ちゃんのような体験をしているのですから。

これは脳の機能についても言えます。

僕たちは通常、脳の力の数％しか使っていないといわれています。

だから、能力開発をして、１００％の力を使えたら、どんなすごいことになるのだろう、と議論されたりしますね。

でも本当は、１００％の力を使って、数％しか使えないという体験をしているだけなのです。つまり、数％しか使えていないのではなく、もうすでに１００％の能力を使って、まるで数％しか使えないようにしている、というわけです。

だから、あなたが元の意識を憶い出すほどに、あらゆることが可能になります。

「やりたいことは何でもやれ、なりたいものには何でもなれ、行きたいところへはどこへでも行ける」。僕たちは本来、それほど自由な存在なのです。

もし、その意識を取り戻したいのであれば、ありのままの自分である本質を覆うシェルターから出ていきましょう。それは、十分に亀裂が入っていますから、あとはあなたが崩すだけです。

あなた以外に、それができる者はいません。

なぜなら、あなたはこれまで、自分の意志で眠っていたからです。

決して誰かに眠らされていたわけではありません。

自分から眠ったのですから、起きるのも、自分で決める必要があります。

つまり、完全に自己責任なのです。

この「完全なる自己責任」という在り方を取り戻したときに、あなたがこれまで外に預けていた力がすべて戻ってきます。

そして、すべての力が戻ってきたときに、

「自分の人生は自分次第なんだ」

「人生は、自分でどうとでもできるんだ」

ということが、本当の意味でわかるようになるでしょう。

自分の体を意識する

新しい地球は、よりシンプルになっていきます。

いまから簡単なワークをしますが、これもとてもシンプルです。つまり、これからは簡単にやればやるほど、その効果は大きくなります。

逆に今までのように、複雑に、難しくやればやるほど、結果は小さくなるのです。

それでは、ワークを始めましょう。まず、自分の体を意識してください。

この体が、あなたの本質だと思ってみてください。

本質を「魂」「ハイヤーセルフ」あるいは「光」と思っても構いません。自分が理解しやすいように捉えてください。

次に、その本質を、一つの球体としてイメージしてください。

あなたは今、球体として、ここに存在しています。

それは、とてもきれいで、クリアな光を放っています。

とても自由で軽やかな光を放っています。それが、あなたの本質です。

その本質を覆っている大きなドーム状のシェルターがあるのを見てください。

シェルターの色は、何色でも構いません。

よく見ると、シェルターと本質のあいだには空間があります。

そこには、あなたの不安や恐怖などのネガティブな周波数が真っ黒いエネルギーとなって満ちています。その他にも、

「お金持ちになるには、プライベートを犠牲にしなければならない」

「幸せになるためには、がんばらないといけない」

など、たくさんの眠りの時代に学んできた信念や観念、概念といったものが含まれています。

これらに覆われていたために、あなたは本質を表現することができなかったのです。

でも、眠りから目を醒まし、ありのままの自分で生きることが、あなたの本望なら、このシェルターを崩し、覆っていたネガティィビティ（分離の周波数）を解放してしまいましょう。

それでもOKですか？　いままでのように、誰かや何かのせいにして生きることができなくなりますよ？　すべて自己責任であり、自分が自分の人生の主人公として生きる覚悟が決まったら、シェルターを崩してしまいましょう。

両手を使って、ドームの上から足下まで、手を動かしながらガラガラとすべての覆いを崩します。すると、真っ黒いネガティィブなエネルギーが、フワァーッと解放されて、宇宙の彼方《かなた》に消えていきます。

それを最後まで見届けたら、一つ大きな呼吸をしてください。それと同時に、あなたの本質である「光」が大きく広がり始めますので、これくらいまで広がると心地いいな、というところまで広がっていってください。

あなたは、それだけ自由で雄大な存在なのです。

最後に一つ、深呼吸して終わりましょう。

いままでの自分を認める

「不安や恐怖を感じ続けたいですか？」

この質問に、「そんなの聞くまでもないでしょ？」とか「いいえ、二度と感じたくありません」と、完全に自分に一致して答えられていたら、とっくに手放せているはずなんです。

でも、答えはどうであれ、日常、不安や恐怖を感じているなら、まずは、そうした周波数を使っているのを認めることです。

「私が選んで、不安や恐怖を使っているのだ」ということを認めるのです。

認めなければ、それを自分で扱うことができません。

では、そうしたネガティブな感情に気づき、それを自ら使っていることを認められたら、次のような方法でワークをしてみましょう。

たとえば、不安や恐怖を感じたら、本質である光輝くあなたが、紐《ひも》がついている真っ黒い風船を握っているのをイメージします。いくつあっても構いませんが、その中に不安や恐怖のエネルギーがパンパンに満ちているのを感じてください。


次に、あなたの足下にプラチナシルバーに光り輝くフィールド（磁場）が広がっているのを見てください。それは、水平線、地平線まで限りなく広がっています。

そして、まわりは、宇宙空間になっています。

この宇宙は、あなた本来の意識を表していて、実際「あなたが宇宙」なのです。本当の自分は、それほどに雄大な意識なのだ、と言うことを知ってください。

さらに、そこに見える無数の星や惑星は、あなたの無限の可能性であり、無限の情報なのです。

こうして場を整えられたら、再び、不安や恐怖の周波数が詰まった真っ黒い風船に意識を向けてください。

このとき、実際に手を握っているとリアルに感じられるでしょう。そして、もうこれらの感情を感じることを望まないなら、「私は、この感情を、今ここで完全に手放す。二度と使わない」と心の中から声に出して、明確に意図します。

そしたら、握っている手をパッと広げ、真っ黒い風船が宇宙に向けて勢いよく飛んでいき、キランッと光って消えていくのを見届けてください。そしたら、一つ深呼吸……。すると、ネガティブな周波数を手放したあなたの波動は上がり、足下の磁場ごと、グーッと上昇し始めます。あなたは宇宙を見上げながら、まるでエレベーターで上の階に上がっていくように、グングン気持ちよく上がっていきましょう。そして、この辺まで来ると気持ちがいいな、いい感じだなと感じるところで、止まります。

最後に、その上がってきた時空間の空気感を捉えてみてください。「広がり」「静けさ」「穏やかさ」「軽やかさ」「透明感」などを感じながら、好きなだけリラックスします。

魂の中心にエネルギーを集める

あなたの本質は「魂」「ハイヤーセルフ」です、とお伝えしました。そして僕たちは、肉体を持って生きていますが、その意識はどこにあるのでしょう？　ハートとか松果体とか、さまざまな答えが返ってくると思いますが、もちろんそれも正解です。

でも、魂は肉体の中に宿っているというより、肉体を抱えるように広がって存在しているのです。それを想像してもらったときに、あなたが魂と一致していたら、その意識の中心は、ちょうど「みぞおち」に位置することになります。

ということで、まずは、あなたの魂の中心である「みぞおち」を意識してください。

みぞおちは「鳩尾」と書きますが、胸の中央部とお腹が接するあたりのくぼんだところをいいます。7つのチャクラでいえば、第3チャクラにあたります。

軽く目を閉じて、深い呼吸を繰り返し、気持ちを落ちつけます。そうしたら心の目で、自分の魂が今、どんな状態かをチェックしてみてください。

たとえば、魂を光の球体としてイメージしたとき、自分の身体をきれいに包み込むように覆い、なおかつ、その魂の中心がみぞおちとピッタリ一致しているかを感じてみるのです。

人によっては、中心が右とか上とか左とか下とか、もしくは斜《なな》めにズレているかもしれません。あるいは、もっとズレて肉体から離れてしまっている人もいるかもしれないのです。実際、魂がとんでもないところまで、魂が抜けるように上がっていってしまっている人もいるのです。

また、こうして自分が本質からズレてしまっているときは、不安や恐怖などのネガティブな感情に苛まれることになります。つまり、居心地の悪い感覚を感じるとき、それは誰かや何かのせいに見えて、実際は「いま、あなたは本質からズレてしまっていますよ。早く軌道《きどう》修正してください」という明確なサインであり、魂、あるいはハイヤーセルフからのメッセージなのです。

だから、チェックした際にズレているのを感じたら、その違和感を手放すのはもちろん、意図とイメージの力を使って、素早く元に戻してあげましょう。

それでは、もう一度みぞおちに意識を向け、心の中で「私の魂の中心を、みぞおちに一致させる」と意図してください。

一つ深呼吸した後に、自分の魂である光の球体が、今どこにあるのかを再びイメージします。捉えたら、それを両手で優しくつかみ、魂の中心をみぞおちに引き寄せるように合わせる動作をしてみてください。

そしてカチッとハマる音を、心の耳で聴きます。

そしたら、大きく一つ深呼吸……。身体と魂がきれいに重なっているのを感じながら、ゆっくりと目を開けましょう。そのまま、グーッと伸びをし、拳《こぶし》で腕や脚をトントンと軽く叩きながら、身体を意識することでグラウンディングしておきましょう。

「グラウンディング」は、「地に足をつける」ことを意味し、ワークで取り入れたエネルギーを根づかせるための大切なプロセスになりますので、覚えておいていただけたらと思います。

光そのものの自分を意識する

それでは、ここで、あなたの本質の光を輝やかせるためのワークをして、一連のワークを終了しましょう。

何度もお話ししているように、僕たちの本質は「光」そのものです。光とは「輝く」ものです。つまり、あなたは、いつも輝いている必要があるのです。だって、光なのですから。

言い方を換えると、あなたは、ただ自分の光を輝かせ続けていればよいのです。それが、あなたがこの地球にいる理由です。僕たちは、ここで何かをしなければならない、結果をつくらなければならない、と奮闘しています。

「学校で良い成績をおさめる」「仕事で成果を上げる」「結婚して家庭を持つ」「たくさんのお金を手に入れる」「自分がこの世に生まれた証を残す」……数え上げたらキリがありませんが、僕たちはこれまで、こうした人生で大切なこととされてきた概念に振りまわされてきました。そして、それを叶えれば「勝ち組」で、叶えられなければ「負け組」とされ、優越感や劣等感を感じながら生きてきたのです。

でも、それは、本当に大切なことなのでしょうか?

僕たちの本質は光であり、この光とは「神」そのものです。

ここで言う神とは宗教上の話とは一切関係なく、「宇宙の叡智《えいち》」であり「森羅万象《しんらばんしょう》を司《つかさど》る流れそのもの」のことです。そこからすべてのものが生み出されたわけですから、当然僕たちも神の一部であり、もとをたどれば神なのです。

その神が、結婚がどうの、お金がどうの、仕事で成果上げなければ云々《うんぬん》などと言うでしょうか?

はっきり言って、僕たちは、そんなことのために、この地球に生まれてきたのではありません。神である僕たちは、その「神なる完全な意識では体験できないことを体験しにやってきた」のであり、それは、「ただ、起きてくることを楽しむ」ことに他なりません。だからこそ、成功しようが、失敗しようが、どちらでもよいのであり、「こうしなければならない」などというのは一つもないのです。

それよりも、体験を通して「輝く」ことがすべてであり、輝き続けることこそ、光の光たる所以《ゆえん》であると言えるでしょう。

さて、魂を、その中心であるみぞおちに、しっかり一致させたあなたが、自分の光を輝かせる準備が整っていますので、これから、その光を宇宙中に広げ、本来のあなたとして存在する体感を感じるワークに入りましょう。

まず、軽く目を閉じ、両手をみぞおちに当ててください。

そして、しばらく自分のペースで深い呼吸をしながら、リラックスします。

次に、みぞおちに、ソフトボールくらいの大きさの光の球体をイメージし、それが眩しく輝き始めるの感じてください。

充分に輝いたら、その光をゆっくりと拡大させていきましょう。瞬《また》く間に身体を越え、オーラも越えて、どんどん大きく広がっていきます。

その光は、あなたのいる部屋も建物も越え、地球も越えて、宇宙まで広がります。

そして深呼吸しながら、さらに光は拡大し、最終的に、宇宙の果てまで、その隅々《すみずみ》まで広がっていくのをイメージしてください。

いま、あなたは宇宙中に自分の本質の光を広げ、あまねく照らしています。

あなたの光が届かないところ、存在しないところはないことを感じましょう。

どうですか？　あなたは、これほど雄大で、自由で美しい存在なのです。

あなたが、こうして「輝いているだけでいい」のです。

「すべてを照らす光として存在しているだけでいい」のです。この光の存在としてのあなたで、「ただ、人生を楽しんで」ください。

それこそが、あなたがこの世界に生まれてきた理由なのですから。

それでは、一度深呼吸して、その拡大された意識のまま、ゆっくりと目を開けましょう。

すべては意識から始まる

ワークなんて言っても、所詮《しょせん》はただのイメージでしかないと、あなたは思うかもしれません。でも「イメージ」するというのは、「現実に起こしている」ことと同義なのです。

たとえば、目の前に椅子があったとして、その椅子がつくられる過程を考えてみてください。まず、どんな椅子をつくろうかを考え、必要な材料を揃え、組み立てることで、最終的に椅子として完成します。つまり、最初は目に見えない意識（意図《いと》）が働くことで、目に見える形が出来上がるわけです。

それと同じで、あなたは自分の意識を特定の状況に導くために、イメージの力を使うことで、意識を動かしました。あとは、それが形になるのを待つだけです。

この一連のワークを繰り返し行うことで、変化のプロセスを加速させることができますので、自分のペースで楽しみながら取り組んでみていただけたらと思います。

そうした取り組みの中、あなたが、ワークによって取り入れたエネルギーを上手に昇華できるようになると、本質である「魂」「ハイヤーセルフ」の意識が表面化してくるようになります。つまり、「宇宙意識」を意識的に使えるようになるのです。

僕たちが眠っていたときは、小さい頭（脳）で捉えたり、絞り出すことしかできなかったのが、宇宙意識という制限のない意識からの発想を使いながら、生きることができるようになるんですね。

たとえば、「どうすればいいんだろう」と思ったら、「あっ、こうすればいいんだ！」と、すぐにひらめく、といったことが起きてきます。

インスピレーションや直感が高まり、何事も「打てば響く」ようになるだけでなく、いままでにない発想が湧くようになるので、新しい物づくりができるようになったり、人によっては、発明したりするようなこともあるかもしれません。

こうして、しだいに迷いや悩みから解放されるようにもなるでしょう。

第4章

クリエイティブな自分の始まり

第1ステップ ネガティブを認める

いま、なにか悩んでいることはありますか？

なにか解決できない問題があって、毎日が憂《ゆう》うつというようなことはありませんか？

傍《はた》から見ると、どんなに「悩みなんてなさそう」「問題なんてなさそう」という人でも、多かれ少なかれ、その人なりのトラブルを抱《かか》えているものです。

とくに、宇宙中が大転換期を迎えている今、各自の中で、「何に気づき、変える必要があるのか」を捉えるために、問題という形で、さまざまな状況に身を置くことで、学ばされているわけです。

ただ、それは今に始まったことではなく、人間なんだから、悩みや問題なんて、誰でも一つや二つあるのは当たり前と考えられてきました。だから、あなたがそう思っていたとしても、なんの不思議もないことです。

僕たちはずっと、そういう生き方をしてきました。

そういうふうに教えられてもきました。

でも、現実は、あなたの意識がつくるのです。

悩みや問題、トラブルに見舞われているのは、それを当然のこととして、あなたが信じているからです。

その意識を変えたら、あなたの現実は変わっていきます。

悩みや問題を抱えることはなくなるのです。

「そんなことが可能なんですか！」という人がいますが、もちろん可能です。

僕たちは、もともと完全な存在です。

悩みなど持たない、というより、悩むことなどできないと言ったら、どう感じるでしょうか。

そんな、本来の自分の意識を憶い出していくために、本質を取り巻くネガティビティーを手放す方法を、ご紹介したいと思います。

たとえば、自分の中にネガティブな感情が湧いてきたとします。

そんなときはたいてい、胸やみぞおちのあたりで、モヤッと感じたりするでしょう。

その「モヤッ」と感じる場所に、どちらの手でもよいので、片方の手で拳をつくって当ててください。


モヤッというのは、不安や恐れ、怒りや苛立《いらだ》ち、嫉妬や妬《ねた》み、悲しみや憎しみ、そういったネガティブな感情です。他にも、あなたにとって居心地のよくないものは、すべて手放す対象になります。

そうしたネガティブなものを感じるあたりに、拳を置いてください。

その拳に意識を向けながら、まずは、認めます。

手放すためには、
①認める
②許可する
③手放す
という3つのステップが必要です。

まず、その第1ステップである「認める」を行います。

自分が、それを無意識レベルであれ、選んで使っていることを認めないかぎり、手放すことはできません。

たとえば、

「自分が嫉妬心を選んで使っている（感じている）」

「不安を感じることを、自分で選んでいる」

という事実を理解することは、簡単ではないかもしれません。

だって今までは、感情というのは、現実によって、嫌でも「感じてしまう」「自分の意思とは関係なく、生まれてくるもの」と思っていたわけですから。

でも、より高い視点で、そのメカニズムを観てみると、ネガティブな感情を感じたくて、好きで、それを選んで体感していたことが、わかってくるのです。僕たちはその感覚を感じたくて、わざわざ高かった波動を落として眠った経緯を憶い出してください。

そして、自分が感情を選んで使っていることを認めるからこそ、「その感情を使い続けるか」「もう使うのをやめて手放すか」という「選択肢」が発生するのです。

ただ、感じている感情の種類が何なのかを分析する必要はありません。居心地悪い感覚を持っていることさえ捉えていれば、それで構いません。

それに意識を向けて、

「自分は、その周波数を選んで使っている」

ということを認めるのが、第1のステップです。

すべての感情には周波数があり、ラジオを聴くように、その周波数に合わせているから、感じることができるのです。

なので、チャンネルを変えれば、すぐさま、これまでとは違う感情を体感することができるわけです。


では、どちらの手でも構いませんので、拳をつくって、ネガティブな感情を感じている部分に当てて、自分に問いかけてみましょう。

「この感情を使っていること、認められる?」

それに対して、「YES」と答えます。

この問いかけと答えによって、次の二択が導き出されます。

①「いま、感じている感情を、このまま使い続ける」
②「使い続けるのをやめて、今ここで手放す」

なかには、「こんな感情、私が選んで使うわけがない」という人もいるでしょう。たとえば、「夫のせいで、私がこんな気持ちにさせられているのだ」と主張したいのです。けれども、前の章でお話しした通り、それでは自分にフォーカスが向いていません。

相手がどうであろうと、自分が使うことを許可しなければ、あなたがそれを感じることはできないのです。

だから、認めてみようとしてみてください。

それを踏まえて、再度、問いかけてみましょう。

「この感情を使っていること、認められる？」

自問自答なので、自分で「ＹＥＳ」と答えてください。

そして、「ＹＥＳ」と言った瞬間に、自分の中にある重たい感覚が真っ黒い煙になって、スーッと拳の中に移動するのをイメージしてください。

第2ステップ　自分にOKを出す

第2ステップは、「許可する」ことです。

第1ステップでは、自ら感情を選んで使っていることを認めることで、二つの選択肢が出てきました。
①「感情を、そのまま使い続ける」
②「使い続けるのをやめて、今ここで手放す」
という二択でしたね。もちろん使い続けてもいいのですが、どこかで手放して終わりにしないかぎり、そうした在り方は永遠に続くことになります。

もう、うんざりだ、という場合は、ぜひ後者を選んでください。

つまり、あなたが自ら選んで使っていたのですから、「もう、それは要《い》らない、使わない」という許可を、自分に与えてあげる必要があるのです。

なので、こう問いかけてください。

「じゃぁ、この感情を手放すこと、ＯＫ?」

それに対して「ＯＫ!」と答えたら、その瞬間、再び黒い煙が拳の中にスーッと入っていくのをイメージします。

第3ステップ ネガティブを手放す

いよいよ最後のステップです。

ここまで来れば、「手放す」のは簡単です。

第3のステップでは、いよいよ、あなたの使っている感情を手放すことになります。

あなたは、ここまでに感情を使っていることを認め、それを手放すことを許可したのですから、あとは握っている手を放すだけです。

では、「じゃあ手放そう、いま！」と、心の中でも声に出しても構いませんので、明確に宣言してください。

その瞬間、ネガティブなエネルギーのすべてが、真っ黒い煙となって、拳の中に流れ込んでいくのをイメージします。

そしたら、拳を胸から放し、前に持ってきてください。

次に手のひらを下にして、拳の中にたまったネガティブなエネルギーの塊が、手を開いた瞬間に、ストーンと落ちるのをイメージしましょう。

下まで落ちるのを見届けたら、一つ深呼吸……。

これで、「手放す」ことができます。


では、もう一度、やってみましょう。

①認める
②許可する
③手放す

こうして、このプロセスは2回は続けて行ってみてください。手放せていれば、ワークを始める前より、体感が軽くなっているはずです。

でも、体感を感じてみたときに、まだ重たければ、この3つのステップを繰り返し行ってみてください。

ただ、いっぺんに一掃しようとする必要はありません。

長いあいだ、繰り返し使ってきたのですから、手放すのに時間がかかることもあります。

そんなときは、「長い歴史だったからな……」と、客観的に捉え、できない自分を責めないようにしてください。

そうすれば、ある日突然、自分が手放せていたことに気づくでしょう。

念を放つことと手放すことは違う

あなたの中に、どんな感情や思いが湧いてきても、すでにお話しした3つのステップで手放していきます。でもまずは、否定することなく、認めることが第1ステップであることを忘れないでください。

ときには自分でも恐くなるような感情が湧いてきたとしても、それは変わりません。

たとえば、「死ねばいいのにと思うほど、あいつが憎い」というような思いが出てきても、それはそれでいいのです。それを否定することのほうが、マイナスになると知ってください。ときに「死ねばいいのに」などと思ってしまうのが人間です。

もう思ってしまったことを、なかったことにはできません。

それよりも、そんなふうに思ってしまうほど、自分は誰かのことを憎んでいたんだな、と認めてあげることが大切なのです。

これは、ネガティブな感情を抱《いだ》くことが問題なのではなく、「ネガティブな思いを、放ちっぱなしにすること」こそが問題であることを意味しています。

なぜなら、その在り方がカルマをつくることになるからです。

つまり、「死ねばいいのに」と、相手に感情の矢を刺して終えるのではなく、「私は、死ねばいいのにと思うほど、相手のことを憎んでいるんだな」と、感じている思いの方向を「相手ではなく、自分に戻してあげる」のです。そして、その思いを手放してしまえばいいんですね。

こうして、あなたは新たにカルマをつくることなく、過去世から蓄積してきているそれらを解消していくことになるのです。

カルマをつくり続ける生き方をしながら、「満ち足りて暮らす」ことなど、到底できないことを覚えておきましょう。

スピリチュアルなテーマにおいて、「カルマ」の概念はよく耳にすると思いますが、どう昇華すればいいのか、どれだけ解消すればいいのか？　と聞かれることがあります。

前者は、たとえばネガティブと判断するような状況が起きたとき、そこから逃げずに、真摯《しんし》に向き合うことです。そして、その現実から何に気づき、何を学ぶ必要があるのかに意識を向け、降りてくる答えに在り方や行動を一致させることで、カルマを昇華させることができます。また後者に関しては、100％を求められているのではなく、アセンションに必要なカルマの解消率は51％と理解してください。

何を持って、それを判断するのかと考えてしまうかもしれませんが、まず100％じゃなければ、何とかなるんじゃないか……自分にもできそうだ、と思いませんか？

そして、大事なことは、新たなカルマを増やさないことです。

愚痴やネガティブな思いをダダ漏れさせ、念を飛ばすのではなく、自分の成長のために手放していくものなんだと、責任を持って扱っていくことで、クリアな意識を保つようにしてください。そして、その明晰《めいせき》な意識で「私は、最高の人生を生きる」と意図すれば、まっすぐに道は開けていくことになるでしょう。

あなたが小さな檻《おり》に留まっている理由

ネガティブな感情を一つひとつ手放していくと、あなたの波動は上がっていきます。

僕たちは元々、波動の高い存在なので、波動を下げるのに使っていた分離の周波数を手放せば、自然に上がっていくのです。

波動が上がると、あなたの認識力や感性も、同時に拡大していきます。

すると、いままでの意識では捉えられなかったものが捉えられるようになり、見えなかったものが見えるようになります。

それは、可能性の領域を広げ、人生の幅が広がることにつながります。

つまり「できない」意識から「できる」意識へとシフトし、「あれもできる」「これもできる」と、できるという可能性のほうが視界に入ってくるようになるのです。

最高の人生を生きるというのは、僕たちが持ち合わせてきた才能や資質のすべてを発揮《はっき》し、可能性の領域に挑戦し続けることを意味しています。

だからこそ、もう小さな檻の中に留まるのではなく、思いきって出ていくことを決めるのです。

それが、僕たちが「解放の時代」を生きる所以と言えるでしょう。


さあ、あなたは檻の外に出ますか？

それとも、檻の中に留まりますか？

あなたが檻から出ることを「決め」さえすれば、いまは簡単に抜け出すことができます。

なぜなら、檻の扉の鍵《かぎ》はすでに外れていて、扉は開いてるので、いくらでも外に出られるからです。

でも、それをする人と、しない人がいるのです。

檻の外で楽しそうに遊んでいる人たちがいます。

一方、檻の中には、その外にいる人たちを見て、「自分も、あんなふうに自由になりたい」と思いながら、じっとしている人たちがいます。

繰り返して言いますが、檻の扉は開いているのです。

「檻」は、言い換えるなら「常識の世界」と言えるでしょう。

僕たちが常識として認識しているものは、多くの人の「同意」から成り立つルールのようなもので、絶対ではなく、時と場合、また場所によっても、それが成立したり、しなかったりするものであることは、理解されていることと思います。

よく「日本の常識は世界の非常識」などと言われたりしますよね。それでも人は「常識」という言葉に縛《しば》られ、長い間、それこそが大事と教え込まれてきたため、なかなか、その檻の外に出ることができないのです。

もういい加減、檻から出ようと一歩を踏み出しても、

「人からどう思われるか……」

「常識外れと思われたらどうしよう……」

と不安や怖れに苛まれ、再び檻の中に戻ってしまうことも少なくありません。

でも、あなたが真に自由を得られるのは、檻の外だということを忘れないください。

時代が変わろうとしている今、たくさんの人たちが、その扉を開けていくことになるでしょう。

覚悟を決めて目醒める

檻の外に出ること。

あなたが檻から出たときに、

「こんなにも、想像を超えた自由な世界があったのか！」

と気づくことが、シンプルに言えば、目を醒ますということです。

それでは、この章の終わりに、何世紀にも渡って入り続けてきた檻から、出ていくためのワークを行っていきましょう。

あなたにとっての「檻」、つまり「常識の世界」を手放していきます。

檻の中にいるかぎり、あなたは「常識人」ではいられるかもしれませんが、本当の意味で目を醒まし、真の自由を得ることはできません。

檻の扉の鍵は、とっくに開いているので、気づいた人から出ていくことができるのです。

それは、いつでも出られるということですが、逆を返せば、いつでも戻れる、ということでもあります。

でも出たり入ったりしていては、当然、目を醒ますことはありません。

最高の人生のストーリーを生きることはおろか、想像を超えた人生の高みへとシフトすることなど夢のまた夢でしょう。

なぜならそれは、いつでも眠りへと戻れる場所を残しているということだからです。

もしうまくいかなかったら戻ればいい、という在り方は、保険をかけているようなものですが、それでは目は醒めないのです。

目を醒ましたいのなら、覚悟を決めることです。言い方を換えれば、覚悟を決めるから、目を醒ますことができるのです。

あなたが眠ったときにだって、覚悟を決めて眠ったのですから。

「もしかしたら、もう元には戻れないかもしれない」

「元の在り方を忘れてしまったらどうしよう」

そういったリスクがある中で、それでも新たな可能性を探究したいという好奇心のほうが勝って、眠りを体験しにやってきたのです。

それくらい、強く明確な意志があったからこそ、あなたは深く眠ることができたのです。

いまは、その覚悟を、目を醒ますほうに向けるのです。

そうであるなら、もしかしたら、戻りたくなるかもしれないから……と「檻」を後生大事に残しておく必要はありませんよね？　覚悟は決まりましたか？

それではワークに入りましょう。

もう檻には戻らない

あなたが戻る場所は、「檻」ではなく「源《みなもと》」であることを、もう一度、確認してください。このワークは、立って動きながら行っても構いませんが、足下にはプラチナシルバーのフィールド、そして、まわりは宇宙空間になっているのをイメージしてください。

では、あなたの「檻」を見てください。

「牢屋」をイメージしてもいいでしょう。

実際、眠っているというのは、まさに牢屋に入っているようなものですから。

では、檻の扉が閉まっているのを見てください。

ただ、鍵はかかっていません。

檻の大きさは、ちょうどあなたが入れるくらいのサイズで構いません。

そして、檻の扉を目の前にして、「ここから出ていく」と心の中、あるいは声に出して明確に宣言したら、両手を使って、扉を前方にバタンと倒してください。

すると、扉は簡単に倒れて、外に出られます。

あなたは何世紀ものあいだ、この檻によって、本質の光が閉じ込められていたので、出るときには、ものすごい光を放ちながら、ここから抜けていきます。

その光は、大きく隅々まで照らすほど広げてもいいですし、あなたが、「これぐらい広がると心地がいいな」と感じるところで止めても構いません。

さあ、扉を踏みつけて、檻の外に出ましょう。

本質の光を広げたら、一度大きく深呼吸……その後、振り返って、あなたが入っていた空っぽの檻を見てください。

十分に眠りを体験することができた檻です。感謝とともに、檻を片づけます。

まず、ハート（胸）の中心に意識を向け、心の中で「100の位置に立つ」と静かに意図し、一つ深呼吸してください。それで、あなたは「１００の位置」と僕が呼んでいる、ニュートラルな意識のポイントに立つことになります。気持ちが、スッと軽くなったり、落ち着くのがわかるでしょう。


そしたら、あなたの目の前に巨大なダイヤモンド性のオクタヒドロンがあるのを見てください。「オクタヒドロン」というのは、ピラミッド型の四角錐の底と底をピタッと重ねたときにできる立体の菱形のことで、「正八面体」とも呼ばれます。

いまイメージしたオクタヒドロンは、ダイヤモンドのような、キラキラした光の粒《りゅう》子《し》でできているので、なかが透《す》けて見えています。

次に、後ろを振り返ると檻がありますので、両手を使って扉と檻を重ね、「ヨイショ」と持ち上げたら、そのまま前に向き直り、オクタヒドロンの中にスッと入れてしまってください。

ちゃんと入ったのを確認したら、それを両手で抱えるように持ち上げます。

その際、硬さと重量感をしっかり感じましょう。そして、オクタヒドロンに入っている檻を見ながら、「これがあったおかげで、深い眠りを体験できたんだな……ありがとう」と感謝の気持ちで手放していきます。

さて、あなたの前方には、ちょうど胸の高さの辺りに、前に向けて伸びる筒状のスパイラル（螺旋）のエネルギーが存在し、その先の太陽のように光り輝く「源《みなもと》」の光につながっていますので、抱えているオクタヒドロンを、スパイラルの中にポンッと入れて、スッと両手を離してください。

すると、オクタヒドロンは右回転のスパイラルを描きながら、その先の源に勢いよくズボッと吸い込まれていきます。

それを見届けたら、一度、深呼吸……。

いま手放した周波数は、源で統合され、光になって戻ってきます。

あなたの足下に集まって来た光は、濃密な光の上昇気流をつくり出し、磁場ごと、あなたをグーッと上に押し上げてくれます。

あなたは、宇宙空間（あなたの宇宙意識）に意識を向けながら、エレベーターに乗るように、気持ちよく上に上に上がっていってください。

そして、「この辺まで上がると、気持ちがいいな」と思ったところで止まりましょう。

そしたら、まわりを取り巻く時空間の空気感を感じてみてください。

「調和の感覚」「心地よさ」「静けさ」「穏やかさ」「広がり」、こうした感覚を感じながら、寛《くつろ》いでいてください。

これが、新しいパラレルにチャンネルを合わせるということです。

あなたは実際に、ワークする前より波動が上がることで、何段階かパラレルを移行しているのです。

では、あなたの体がクリスタルでできているのを見てください。

僕たちが、進化のプロセスをたどる中、肉体もアップグレードされることになりますが、その際、肉体を構成する要素が、「炭素」ベースから「珪素《けいそ》」ベースへとシフトすることになります。

珪素はクリスタルの素性であることから、大胆に自分がクリスタルになっているのを見てみましょう、ということです。

頭の先から足の先まで、透明感のあるクリスタルになっているのを確認したら、足下が結晶化するようにグググッと磁場にしっかり根づいていくのを感じてください。

それでは、ゆっくりと目を開けましょう。

そのままグーッと伸びをして、拳で軽くトントンと腕や脚をたたき、肉体を意識することでグラウンディングします。

第5章

ポジティブな世界しか体験できない時代

すべては一つのことにつながっている

僕たちが「目醒めることを決める」と、日々体験する現実は、もはや「目を醒ますため」にしか創らなくなります。

たとえば、たまたま誰かと肩がぶつかって、「頭にくるな！」と思うことも、その「頭にくるな！」という周波数を捉えて手放すために、創り出した現実であるということです。

何が起きても、何を起こしても、「目を醒ますための現実なのだ」という意識になったら、怖いものはなくなります。

そして、いままでならネガティブと言いたくなるような周波数が出てきても、それをイヤだと嫌うこともなくなります。

なぜなら、そのネガティブな感情こそ「目を醒ます扉」になっているのですから。

そうして、統合が進めば進むほど、統合そのものが楽しくなります。

なかには、「統合は難しい」「統合が苦しい」という人がいますが、それは、出てくる感情を現実にくっつけながら、つまり「100の位置」からズレながら統合しているため、完全な統合が起きないからです。

「100の位置」とは、本来の自分と100パーセント一致できる意識のポイントのことです。

このポイントは、出てくる感情を「ただの周波数」として捉えることができるポイントなので、ここで手放すことができれば、毎回、完全な統合を起こすことができるのです。

本当の統合を起こしたとき、あなたは「まったく違う惑星」に降り立ったんじゃないか、というほどの違いを体感することになります。

さらに本質とのつながりが深まるため、まさに「こひしたふわよ」そのものになっていくのです。

そうなれば、「最高の人生を生きる」ということが視界に入ってきます。

これからは、ネガティブな視点を使うことができない時代を迎えます。

言い方を換えれば、ポジティブにしか体験できないあなたになっていきます。

いままではネガティブ一辺倒という人もいたかもしれません。もしくは、ネガティブとポジティブを交互に体験する人もいたでしょう。

でも、これからは、あなたが「ネガティブな在り方」を手放してしまうので、ポジティブにしかなれないということなのです。

本当の自分から外れてしまうとき

ポジティブな在り方しか体験ができない人生になると、いままでネガティブに感じられていたことが、「懐《なつ》かしい」と思えるようになります。

いまはまだ、そこまではなかったとしても、そう考えるようにしてみてください。

なにかネガティブな感覚が出てきたら、

「これも、いつかは懐かしいと思えるときが来るんだろうな」

と考えるのです。それが統合を加速させるコツなのです。

そうすると、スッと「100の位置」に立ちやすくなります。

自分の本質と深くつながることになり、何が起きていても起きていなくても、ワクワクしてきますし、「これから先の人生は、とてつもなく良くなっていく」と無条件に感じられるようになります。

なので、もし人生がつまらないと感じているなら、あなたは、まだ「つながっていない」ということです。

本当の自分からズレてしまっていると、

「ああ、つまんないなあ」

「面倒くさいなあ」

「イライラするわ」

となるんです。

でも、あなたが自分につながっていると、外の状況に関係なく、あなたは常にワクワクして、喜びと豊かさで満たされ、幸せを感じていられるのです。

仏陀もキリストも、じつは、そういう人たちです。

「仏陀」というのはお釈迦様のことですが、名前ではありません。「仏陀」というのは、「悟った者」という意味です。

同様に、「キリスト」もイエスの名前ではなく、「覚醒した者」という意味です。

自分が選択した未来を生きる

だから、あなたも、これから「仏陀」になり、「キリスト」になっていくのです。

彼らは一足先に、あの深い眠りの時代にあっても、それを成し遂げたということがすごいことなのです。

いまはキリストや仏陀の時代とは、磁場が違っています。

特に1999年あたりから、プラチナシルバーのフィールドが広がり始めました。

宇宙には、この地球をはじめ多くの星や惑星が存在しますが、そこで眠っている存在が日を醒まそうとするときに、その星や惑星を取り巻くようにできるのが「目醒めの磁場」なのです。つまり、それは地球特有のものというわけではないということです。

そして、いま地球中を覆うように磁場が広がっているのは、「もう、そろそろ目を醒まそうかな……」と、集合意識レベルでの同意が起き、宇宙に向けて旗を振り始めたからです。

その旗を振る姿を見て、

「あ、そうなんだ！　目を醒ますつもりなんだね」

と宇宙がそれに応える形で磁場ができあがったのです。


目醒めの流れは、１９８６年の「ハーモニック・コンバージェンス」という、スピリチュアルな祈りの儀式が行われたときから始まりました。

そのときから比べて、いまは磁場も本格的に出来上がり、これほど目醒めるのに適した環境はありません。

仏陀やキリストのように特殊な使命をもって生まれたり、難行苦行をしたりしなくても、求めれば、誰もが悟り、その先のアセンションに向けて進んでいくことができる。それが今の時代の、稀有《けう》な特徴です。

そして、この時代、この場所をめがけて、生まれてきているというのは、あなたの明確な意志であり、まさにそれを体験するために、地球にやってきたのだということをぜひ知っていただけたらと思います。

僕はその事実を知らせるために、何年も前から、何度も、そのことをお伝えしてきました。

とにかく「目を醒ます」ことに関して、バッシングを受けようと何だろうと、一貫して同じことを伝え続けてきたのです。

それは、僕も旗振り役の一人だからです。

そして、いま、この本を読んでくれているあなたにも、その役割があります。

どのような役割であれ、それは自分が「今世において、果たしたい、心からやりたい」と願うことであり、「自分から志願する」ものです。もちろん、僕も自ら、その役割を引き受けます、とガイドたちに宣言したことを覚えています。

でも、僕も生身の人間ですから、バッシングを受けたりすれば、そんなふうなら隠れていたほうがいいかなと思ったりしたこともありました。

だけど、もし隠れることで批判されないとしても、自分が今世、この地球にやりに来たことをやらずに帰ることになり、それでは死んでも死にきれないわけです。

とにかく、引き返すのは嫌だ……このまま隠れて留まることもしたくない……となったとき、「先に進むしかない」と、覚悟が決まったんですね。

僕たちは皆、魂からやりたいと願うことをするために、生まれてきています。

もし、あなたが「自分はこんな人生を生きるために生まれてきたんじゃない！」と感じているなら、それは「サイン」です。

「いまこそ、本当に生きたいと思う人生を生き始めるときが来た」というメッセージなのです。

何のために生まれてきたのか

僕は、自分が生まれてくるときのことを、よく覚えています。

高次のガイドたちから「あなたの今回のチャレンジは、相当大きな覚悟を伴うことになりますが、大丈夫ですか?」と聞かれて、

「はい、大丈夫です」

と答えました。

「私たちも、最大限のサポートをしますが、あなたが思っているほど、簡単ではありませんよ」と釘を刺されましたが、それでも「大丈夫です」と答えたのです。

ところで、「ドクターX」というテレビドラマがありましたが、僕は、その主人公の「私、失敗しないので」というセリフが大好きでした。

というのも、彼らから、ダメ押しするように「このチャレンジに、失敗は許されませんよ」と言われたときに、僕も言ったのです。

「大丈夫です。私は失敗しないので」

たまたま見たテレビ画面から聞こえた言葉に強く共鳴したのは、それだったのだ、とあとで気づいたのを覚えています。つまり、それは覚悟の表れなんですね。

それはともかく、誰もが、ガイドたちと相談しながら、今世の自分のテーマを決めて生まれてきています。「今回の人生では、ぜひそれを成し遂げたい！」という強い思いを伴って。だからこそ、自分との約束を果たすのです。

あなたは、そのために今、ここにいます。

それなのに、なかなか不安が手放せない。恐れが手放せない。

だから、なかなか踏み切ることができない……。

でも、本当にそれでいいのですか？

大切なのは、自分が生きたいと思う人生に向かって行動することを惜しまないことであり、それを生きるという覚悟を決めることです。それが、「最高の人生のストーリー」につながっていくことになるのです。

でも、どうしても僕たちは、本来の自分からズレてしまいがちです。

なので、あなたが最高の人生のストーリーを生きたいなら、そのズレを修正していく必要が出てきます。

修正する方法は後ほどご紹介しますが、いくらワークをして軌道修正しても、最初は常に意識していなければ、またすぐ元に戻ってしまうでしょう。なぜなら、僕たちは深い眠りの歴史の中、ずっと何世紀もズレた状態ですごしてきたわけですから。

だから最初は、しっかり意識的にズレを捉え、そのつど修正することで、自分に一致した状態をナチュラルにしていくことが大切なのです。

たとえば紙にペンで線を引くとき、何度もそれを繰り返せば、筆圧で跡がつきますよね。

それと同じで、修正を繰り返すことで、「自分に一致した在り方」が定着していくわけです。

ワークショップなどで、いろいろな角度から、同じようなワークを繰り返し行うことがありますが、それは、変化を促《うなが》すエネルギーを繰り返し受けとることで、意識に特定のパターンが形成されるからです。

さらに大事なことは、意識が変わると、ものの見方や捉《とら》え方も変わることになりますが、それに基づく「行動」を通して、変化を定着させることです。

たとえば意識の変化に伴い、いままでやってきたことに興味や関心がなくなったら、「でも、何年も続けてきたことだし……」と、心がないのに、いつまでも続けるのではなく、思い切ってやめることです。そこから「新しい方向性」が生まれ、人生が変わり始めるんですね。つまり生き方に変わるまで、ワークと変化に基づく行動を繰り返すことで、「変化が本物になる」のです。

今この瞬間にすべてがあることを知る

最高の人生のストーリーを生きている未来のあなたは、別の次元に存在しています。

じつは、それは未来ではなく、今この瞬間に起きているのです。

過去や未来にではなく、今この瞬間です。

だから「幸せになりたい」と思うのなら、未来ではなく、いま幸せになってください。


幸せになりたいというとき、僕たちは、未来にそれを設定します。

たとえば、

「来年は結婚する！」

「10年後には絶対にお金持ちになる！」

と言ったりしますが、もちろん、それはよいのですが、「今この瞬間」しかないので、「来年」「10年後」もとい「明日」でさえ、体験することができないのです。

わかりますか？　明日になったら「今日」そして「いま」になるのです。つまり、ありもしない未来に意識を向けていたら、「永遠に待ち続ける」結果になってしまうことを理解してください。


僕たちは、未来を生きるのではありません。

今この瞬間を生きているのです。

いま幸せになることを決めて、今それを感じられなければ、そうはなりません。

いつまでたっても、そこに移行することはできないのです。

「3年後には幸せになりたい」という人は、3年後にも同じことを言っているでしょう。

つまり、あなたが幸せになるのは、今この瞬間しかないということです。

たとえば、

「旦那がいるかぎり、幸せを感じられないんです」

という人がいました。

「寝ている姿を見るだけでイライラしてしまうんです。もう死んでほしいとさえ思ってしまいます」

と言うのですが、その人は、自分の不幸の原因はご主人にあると思い込んでいます。

でも、そこが違うのです。

そのズレが修正されないかぎり、いつまでもズレたままになります。

何年たとうが、ご主人と何らかの形で別れようが、たとえご主人が亡くなったとしても、いまの「不幸な自分」から変わることはないでしょう。

もしも違う人との出会いがあったとしても、こんどは、その人の食べ方が気になったりします。

そして「どうしても、それが嫌で仕方がないのよね」と、ずっと気にし続けるわけです。

何かしらの粗《あら》を見つけては、そのせいにして「自分は不幸だ」とか「穏やかでいられない」と言いながら、その人の人生は過ぎ去っていってしまいます。

すると、どうなるでしょう。

魂の故郷に還《かえ》ったときに、「そんなことをするために肉体を持ったんじゃなかったんだ」と気づくのです。

そして「本当には何が大切なのか」に気づくためにやり直そうと思って、あなたは再び輪廻《りんね》します。

それで「よし、こんどこそは」と、またオギャーッと生まれるのですが、産道を通ってくるプロセスで、表面的にはすべてを忘れ去ってしまうのです。

すると、人生を生きる中「デジャブ?」と感じることがあります。

たしかに、それは既視感《きしかん》で、過去世でも同じようなことをしているのでしょう。

本当に大事なことに気づかなければ、何度も輪廻を繰り返すことになります。

そして、そのたびに赤ちゃんからスタートするのです。僕は、もうそれはいい加減終わりにしてもいいんじゃないかな、と思うわけです。

宇宙の存在たちは、赤ちゃんから始めません。

そういう種族もいるわけです。つまり、赤ちゃんから、何もわからない状態でスタートするのではないということです。

せっかく積み上げてきた知識と経験を、生まれ変わりのプロセスの中で一度忘れ、また、最初から積み上げていくような在り方は、非効率だと思いませんか？

あなたは、もう、そういうやり方を卒業していくことになります。

多くの意識は、「この人生を最後に地球を卒業しよう」と生まれてくる前に、決めてきているからです。

なぜ、そう言えるのかと言えば、この世に偶然というのは一つもないからです。

「偶然」という言葉の意味は、漢字を分解すると「人が出遇うのは必然である」と読み解くことができますが、まさに偶然を装った「必然」なのです。つまり、あなたはたまたま、この本を読み、この情報を聞いているわけではないということです。

もう一度言います。

あなたは、この人生で地球を卒業しようとしています。

そして、その卒業試験にあたるのが「最高の人生を生きる」ということなのです。


肉体を脱いで、向こうの世界に帰るときには、

「私の人生、本当に楽しかった。地球よ、ありがとう！」

そう言いたくはありませんか？

それなのに、「旦那が……」とか「会社が……」などと言い続ける人生を送っていたら、到底、そんな言葉は出てこないでしょう。

だから、さまざまな事柄にまつわるネガティブな感情は、歯を食いしばってでも手放してください。

本来、歯を食いしばる必要などないのですが、それだけ覚悟を持って、手放してください、ということです。

「私は地球に、こんなことをやりにきたんじゃない」

と、最高の未来に意識を向けるのです。

そうすると、いままではグッと握り締めていた手を、パッと開いて手放すことができます。

たとえ完全には外れなくても、軽くなるはずです。

あなたは、何のために地球に来たのでしょう？

いま、あなたが握っているものは、本当に必要なものなのでしょうか？

本来の目的を憶い出し、思いきって手を放してみてください。

最高の人生のストーリーを生きる

ここで言いたいのは、

「どうでもいいことに意識を向けすぎていませんか」

ということです。

たとえば誰かが、あなたのことを批判したとか非難したとかということは、どうだっていいことです。

でも、その渦中にいるときには、なかなかそうは思えないでしょう。

僕もまだ、いまのように統合が進む前は、ちょっと非難が来ただけでも、腹が立ったり、落ち込んだりしていました。

「こんなことを言われるくらいなら隠れていたほうがいいや」

「なんで、根も葉もないことを言われなければならないんだろう」

などと思っていました。

でも、そんな感情を捉えるたびに、それらを外してきました。来る日も来る日も、手放し続けたのです。

そのたびに波動が上がり、意識が拡大すると、ネガティブなエネルギーと共鳴しないところまで出ていくことになり、同じようなことが起きても、「あ、そう」「それがどうしたの?」で終わってしまいます。

あなたは、自分に投げられた非難や批判などにではなく、もっと大事なことに時間とエネルギーを使うことです。

そして、「もう最高!」という幸せな人生を生きることに集中するのです。

あなたが集中すべきなのは、これだけです。

でも、そうした在り方と生き方ができないのだとしたら、あなたが、まだ足を引っ張られているということです。

だけど実際は、誰も、あなたの足を引っ張ってなどいないのです。

足を引っ張られているように感じるのは、あなたが、そのエネルギーにチャンネルを合わせることで、足を引っ張られることにOKを出しているからです。

なので、そういったネガティブなエネルギーを、すべて片づけていきましょう。

そのためにすることは、まず「自分軸」に立つことです。

「自分軸」に立つとは、文字通り、自分を基準に、中心に据《す》えるということです。

この自分というのは、本質である「魂」を指しますが、自分を基準に、とか中心にとか言うと、「自分勝手」とか「わがまま」などと捉えて、罪悪感を感じたり、嫌悪感を感じたりする人もいるでしょう。

僕たちは、外（自分以外）に意識を向けることで、成り立ってきた人生を生きてきたので、そう感じてしまうのは、ある意味、自然なことと言えます。

でも、目を醒ましたいなら、その外に向けていた意識とエネルギーを自分に戻すことが必要になるため、その罪悪感や嫌悪感《けんおかん》を手放し、自分に集中することが大切なのです。

その際、こう考えてみてください。

僕たちは、もともと魂の存在で、その本質の部分を覆うように、罪悪感や嫌悪感などのネガティブな周波数が取り巻いていて、そうしたフィーリングに気づくたびに手放していくことで、本質という魂の光が輝き出す……それが自分軸に立つ、もしくは一致することなのだ、と。

そのためには、まずは自分に意識を向けることで、出てくる、さまざまな感情を丁寧に手放すことが大切だということなのです。

この本質である魂は、純粋で調和そのものの意識なので、身勝手とかわがままというう在り方とは、まったく違います。なので、安心して、自分軸に立つことを意識しましょう。

そうして、あなたが自分軸に一致することで、最高の人生のストーリーを生きるあなたのパラレルとリンクすることになるのです。

次の章では、その最高のパラレルにシフトするワークをご紹介したいと思います。

終章

満ち足りた自分を取り戻すワーク

エネルギーをクリアにする

さあ、最後の章になりました。ここで、あなたが自分軸に立つことに対して、足を引っ張っているものを外していきましょう。

まずは、椅子に座ってください。

そして、手のひらを上にして、太ももの上に置きましょう。

次に軽く目を閉じて、軽く顎《あご》を引き、背筋を自然に伸ばします。

意識を向けるポイントは、自分の魂の中心である、みぞおちです。

そこに意識を向け、深い呼吸をしながらリラックスしてください。

これから、あなたの足を引っ張るエネルギーをクリアにしていきますが、すでにお話ししたように、自分が足を引っ張られることを許可しているのだ、ということを理解しておいてください。

自分で、自分を自分軸に立たせないようにしているのです。なぜなら、そうしてしまうと、「目が醒めてしまうから」です。つまり、僕たちは長い歴史眠ってきたので、その慣れ親しんできた習慣から、本来の在り方に戻ることにさえ、「抵抗」してしまうものなのです。

さて、自分軸に立たせないように、ブロックになっているものがあります。

その中には、今世だけでなく、過去世からのものもあります。

それらすべてを、あなたの意識の場からクリアにしていきましょう。

つまり、部屋の片づけと一緒です。

自分の意志で、あなたの最高の人生のストーリーを生きるうえで、もう不要で役に立たないものを片づける必要があるんですね。

さあ、あなたの足元には、見渡すかぎりプラチナシルバーの磁場が広がっています。

その光景を見てください。

「見てください」というのは、想像してくださいということです。

そして、まわりは宇宙空間になっているのを見ます。

そうしたら、「みぞおち」に意識を向けながら、次のように明確に意図してください。

「私は、自分が生まれる前に決めてきた、最高の人生のストーリーを生きます。

なので私は、それを妨《さまた》げるエネルギーのすべてをクリアにします」

右の意味合いの言葉を、自分の言葉で、しっかり宣言してください。

それが、意図するということです。

すると、その明確な意図に反応して、あなたのまわりを取り巻く時空間が変化します。

では、あなたのまわりに、半円のドーム状の部屋が大きく取り巻いていて、その中に自分がいるのを見てください。

そのドームの壁は、クリスタルでできています。

だから、外は透けて見えますよね？　足下の磁場も見えるし、宇宙空間が広がっているのも見えるでしょう。その部屋の中には、あなたの足を引っ張ったり、あなたにぶら下がっていたりする重しが、たくさんあります。つまり、あなたを先に進ませないようにしているネガティブなエネルギーであふれているのです。

それらを一気に片づけていきましょう。

そしたら、どんな重しがあるのか、詳しく見てみてください。

すると、両親が出てきたり、友達が出てきたり、老若男女、知っている人、知らない人、問わず、さまざまな時代の人びとが出てくるかもしれません。

とにかく、たくさんの人たちが、この部屋の中にはいるのだということを知っておいてください。

「人がいるのはわかっても、誰だかはよくわからないです」という人もいるでしょう。その場合は、真っ黒な人影が、そこかしこに立っているのを見てください。

いずれにせよ、この部屋にいる人たちは、あなたが自ら、この空間に招《まね》き入れた人たちです。

彼らが、あなたの人生を邪魔したり、足を引っ張ったりすることをあなたが許可しなければ、彼らから影響を受けることは、いっさいありません。

それが真実です。

だから、あなたが影響を受けているのだとしたら、それは、他でもないあなたが、その人を招き入れることにOKを出したということです。つまり、自分の責任なのです。

こうした話は、時に耳を塞《ふさ》ぎたくなることかもしれません。でも、これは、あなたが悪いのだ、と言っているのではなく、あなた次第で、どうとでもなるのだ、という祝福の情報なのです。

なので、まずは、それを認めてください。

「認める」「許可する」「手放す」という3つのステップがあるということは、すでにお話しした通りです。

では、それを完全ではないにしろ、認めてみようとしたところで、その人たちを前に整列させてください。部屋の中なら、どこでも構いません。

あなたは、その人たちの前に立ちます。

ちょうど学校の朝礼などで、校長先生が前の壇上に立って話をしているような感じです。

あなたは、その校長先生のように、彼らの前に立ってください。

そして、壇上に上がったら、彼らを眺《なが》めてみましょう。

改めて見渡すと、知っている顔、知らない顔があるかもしれませんが、たくさんの人が並んでいるのが見えるでしょう。

でも、ここで、あなたが変われば、彼らの影響力から完全に抜けることができます。

ここで大事なのは、「彼ら」を変えるのではないということです。

あくまで「あなた」が変わるのです。

それをちゃんと理解したうえで、彼らに向かって、こう伝えてください。

「私は、今ここで、あなたたちを許し、これまで受けてきた影響から完全に抜け出します」

声に出しても、心の中で伝えても構いません。

特定の名前を言う必要もありません。

でも、キッパリと明確に、目の前に立っている人たちに向けて宣言するのです。

あなたがしっくりくる言葉で、もう、彼らからの影響は金輪際《こんりんざい》受けないことを宣言してください。

あなたが許可しなければ、影響を受けることは決してないのですから。

だからこそ、あなたの明確な意志による宣言を聞いたら、彼らはこの部屋から出ていかざるを得ないのです。

なので、宣言した後は、こう言いましょう。

「いままで、本当にありがとうございました。でも、ここは本来、私だけの場所なので、元の場所にお帰りください」

そうすると、このドーム状の部屋のいろいろな方向から、まるで壁抜けをしていくように、スッスッスッと、全員が消えていきます。

大事なのは誰一人として、この空間に居座らせないということです。

どうしても帰ってくれない人がいるときには、あなたのガイドを呼びましょう。

「私のガイドたち、どうぞ、この空間に来てください」

そう言って彼らを、この空間に招き入れてください。

そして、

「いま残っている人たちを私のこの空間から連れ出してください。

彼らの行くべき場所へと導いてください」

と、依頼します。

誰も、ガイドたちには逆らうことができません。まるで強制連行されていくように、居座っていた人たちも、ガイドたちに連れられて、この部屋を出ていきます。

では、誰もいない広々とした空間を見渡し、「きれいに、そしてクリアになっているのを確認」しましょう。そしたら一度、深呼吸します。

その後、壇上から降りて、部屋の真ん中に意識を向けてください。

そこに、あなたの好きなデザインで、座り心地のいい椅子を用意し、ゆったりと腰掛けましょう。

もはや部屋の中には、あなたしかいません。

あなたは、その部屋の中心に座っています。

このとき、あなたの意識は、自分の中心軸、つまり自分軸に一致しているのです。

誰かに振りまわされたり、左右されたり、影響を受けることなく、完全に自分だけの空間で、その真ん中「100の位置」に立っているんですね。

「100の位置」とは、自分と完全に一致できる、意識のポイントのことです。

それは、ニュートラルな意識の状態でもあります。

それでは、自分軸に一致した感覚を体感しながら、一度、大きく深呼吸しましょう。

タイムラインを変える

さらに先に進んでいきますが、準備はいいですか。

次は、「タイムライン（時間軸）」を変えていきたいと思います。

もう一度、あなたを取り巻いているクリスタルのドームを見てください。

ところで、あなたが最高の人生のストーリーを生きるにあたって、「いまのあなた」と、すでに最高の人生を生きている「未来の（と表現する）あなた」とのコネクションがとても大事になります。

さて、この空間は、あなたが許せば、あらゆる存在を招き入れることができます。

仏陀であれ、イエス・キリストであれ、あなたが望めば誰でもです。

この空間で、高次の存在と交流したいと思ったら、部屋をクリアにした後は、彼らの椅子も用意しましょう。

たとえば、仏陀からメッセージを受けとりたい、アドバイスが欲しい、と思ったときには、目の前の椅子に意識を向け、「仏陀、どうぞこの空間に入ってきてください」とシンプルに依頼するのです。

こうして、高次の存在とコミュニケーションをとることもできますが、このワークでは、「未来のあなた」を招きます。

それでは、目の前の椅子に集中し、こう言いましょう。

「最高の人生のストーリーを生きる未来の私。

どうぞ、ここに来てください」

すると、まるでホログラムのようにキラキラと光る存在として、未来の自分が、その椅子に現れます。

その未来の自分――最高の人生のストーリーを生きている自分を見てください。

イメージの中で椅子から立ち上がり、360度、いろいろな角度から、その最高の未来の自分を見てみましょう。

「どんな表情をしているか」

「姿勢はどうだろう」

「どういう服装をしているかな」

きらきら輝いているように見えるかもしれません。

ものすごく満たされた表情をしているかもしれません。

楽しさや喜びやワクワクするフィーリングが、全身からあふれているかもしれません。

そんな最高の人生を生きる未来のあなたが、いま、目の前に来てくれているのです。

こうして未来の自分を興味と関心をもって観察することで、そのパラレルに、しっかりとチャンネルを合わせることになります。

「いまの自分」と「最高の未来を生きている自分」との周波数が、あまりにもかけ離れていると、そのパラレルを生きることは叶いません。

なので、

「どんな表情をしてるだろう」

「服装のテイストはどんなだろう」

「エネルギーはどんな感じだろう」

と、想像（創造）を通して、観察することで、最高の未来の自分にチャンネルを合わせていきましょう。

あなたが思う通りに未来は変えられる

さあ、観察が終わったら、自分の椅子に座りましょう。

すると、いまのあなたと未来のあなたが向き合うことになります。

そしたら、再び2人を取り巻くドーム状のクリスタルの部屋を意識してください。

そのクリスタルの壁には、最高の未来に関するたくさんのシーンが映し出されています。

それと同時に、「こうだったら最高だろうな、という未来を自由に思い描いてみましょう。

「こういう人たちと関わりたい」

「こんな仕事をしたい」

「こんな生き方をしたい」

「こんな場所に住みたい」

あなたがイメージするたびに、それらのシーンが壁のスクリーンに追加されます。

壁一面に映し出される、最高の人生のストーリーを、その未来を生きている自分と一緒に、映画鑑賞するような感覚です。

「うわぁ！　あんなの最高だね」

「こんなふうになるなんて、すっごい素敵だね」

と、思わず未来の自分に声をかけてしまうかもしれません。

もし、具体的なイメージが湧かないときには、スクリーン一面が、ものすごくきれいな光に満ちあふれているのを見てください。

たくさんのシーンが虹色や、ゴールドに光輝いています。

そうして、未来の映像や光を眺めていると、どんどんワクワクしてきます。

「ああ、こんな人たちとの出会いも待ってるんだ」

「こんなに素晴らしいことが起きようとしているんだ」

と喜びに満ちてくるでしょう。

「本当に、そんな人生になるんだろうか」という疑いは、脇に置いてください。

あなたの人生なのですから、自分の好きなようにイメージしてください。「創造」は「想像」から始まるのです。

とにかく大切なのは、部屋の壁というスクリーンを埋め尽くすくらい、数え切れないほどの、あなたにとって最高のシーンが映し出されているのだと知っておいてください。

それでは、目の前にいる未来の自分に、

「ありがとう」

と感謝の気持ちを伝えてください。

そして、

「必ず、この未来にアクセスするね」

と、未来の自分に約束しましょう。

すると、未来のあなたは、スーッと姿を消しますので、最後まで見届けたら深呼吸……再びクリスタルの部屋を見てください。

すると、最高の未来のさまざまなシーンが映し出されたスクリーンから、色鮮やかな光の粒子が、あふれ出てきます。その光は、虹色やゴールドの光の粒子でもいいですし、ホワイトゴールドやピンクゴールド、あるいは黄色やオレンジ、ブルーや紫だって、もちろん構いません。あなたが最高の人生のストーリーってこんな色、と感じられる色なら、なんでもいいのです。

そしたら、それらの光がドーム状に、あなたのまわりを取り巻いているのを見てください。

そして、「最高の未来のエネルギーを取り入れる」と意図します。すると、それらの光が、フワーッとあなたに流れこんできますので、呼吸を通して取り入れましょう。深呼吸しながら、さまざまな色の光の粒子が、あなたの鼻からも、毛穴からも入ってきます。

その光で、肉体がパンパンに満たされ、約37兆あるといわれる細胞の一つひとつにも光が満ちているのを感じてください。

さらには、あなたを取り巻くオーラの隅々までも、満たされているのを感じましょう。

いま、あなたを満たしているのは、最高の未来の可能性のエネルギーそのものです。

その光に十分に満たされると、もとの透明なクリスタルのスクリーンに戻っていきます。

これは最高の人生のストーリーを構成する、すべてのエネルギーが、あなたの肉体、そしてオーラという意識場に、しっかりとダウンロードされたことを意味しています。

そうしたら、イメージの中で座り心地のいい椅子から立ち上がりましょう。

すると、その足下から、濃密な光の上昇気流がグルグルッと、ボルテックス（渦）を描くように発生します。

その上昇気流に乗って、あなたは気持ちよく、エレベーターに乗るように上へ上へと押し上げられていきます。

足下にはプラチナシルバーのフィールドが広がっていますから、安定したまま、ドームの部屋の高い天井まで上がっていくことができるでしょう。

そして天井まで来ると、あなたはスコーンとそこから抜けていきます。

天井を抜け切ると、あなたに向けて、一条の光の柱がまっすぐ降りてくるのを見てください。

あなたは、この上昇気流に乗ったまま、さらに、この光の柱の中をどんどん次元上昇していきます。

気持ちよく深呼吸しながら、上へ上へと上がっていくと、あるところでカチッと止まります。そこにも、あなたの足下には、プラチナシルバーのフィールドが磁場として広がっています。

その足下をよく見ると、きれいな光の道が、前に向かってまっすぐに伸びています。

その光の道こそ、あなたの最高の未来につながっているのです。

もし、道幅が狭いと感じたら、「これくらい広いと気持ちがいいな」と感じる幅まで広げてみましょう。イメージで、簡単にできます。

そしたら、その道へ一歩、足を踏み出してください。

そして、しばらく、前に歩いていきます。

この光の道を進んでいくと、心地よい感覚や、ワクワク感が増してくるのがわかるでしょう。

しっくり来るところまで歩いたら、立ちどまって、その先に意識を向けてみてください。理由のない高揚感《こうようかん》や、何か素晴らしいことが起きる予感が湧いてくるかもしれません。

そうしていると、さきほどクリスタルの部屋で会った、最高の未来を生きる自分の気配を感じます。

姿は見えず、気配を感じるだけです。

なので、どの方向からやってきているのか、集中して捉えてみましょう。そして、気配が強くなる方になる方に歩いていきます。

どんどん近くなって、「もうまもなく会える！」と感じられるところまで来たら、そこで立ちどまり、ゆっくりと目を開けてください。

この瞬間、あなたのパラレルが変わるのです。

パラレルワールドをシフトしていく

ワークを終えたら、グーッと伸びをして、拳で軽く腕をたたき、足をたたきして、肉体を意識することでグラウンディングしておきましょう。

その後、まわりを見渡しても、ワークの前となんら変わらない景色が、広がっているでしょう。

それでも、確実に、あなたのパラレルは変化しているのです。

ところで、「パラレル」とは「パラレルワールド（並行世界）」のことです。

たとえば、あなたに「A」「B」「C」というパラレルが存在するとき、いまは「A」というパラレルに周波数が合っているとします。

すると、パラレル「A」バージョンで、たとえば外出したとき、最初に見かけたのは「若い男性」でした。

でも、パラレル「B」では、同じシチュエーションなのにもかかわらず、「年配の男性」でした。

パラレル「C」に至っては、「小さな女の子」でした、というように、体験する現実がまったく異なるのです。

つまり、ワークを終えてまわりを見渡したとき、景色は変わっていない（シチュエーション は同じ）と思っても、そこから先で出会う人や事柄、そして出来事が、まったく違うものになっていくのです。

このパラレルをシフトするという概念を理解し、自分の波動を望むパラレルに合わせていくことで、あなたは、意識的に自分の人生の舵《かじ》取りをすることができるようになります。ワクワクしませんか？

過去に遡《さかのぼ》るタイムトラベルの実験についての話を紹介しましょう。

これは日本ではなくて、外国でのお話です。

ある子どもが被験者として、タイムトラベルの実験に関わっていました。

その子は必ず、何か「1970年のこの日、この場所に戻ってください」というようなテーマを与えられます。

そして毎回、同じポイントにアクセスするのです。

ところが何度かの実験を経て、同じテーマであるのにもかかわらず、報告がバラバラになることに気がついたのです。

それはどういうことかと言うと、たとえば、

「1970年のこの月日に、遊園地に行ってください」

と指示すると、毎回同じシーンを体験するはずなのに、あるときは隣にいる人が女の子だったり、また違うときは男の子だったり、話しかけられたり、話しかけられなかったりする、というのです。

それは、どうしてなんだろう？　という話になったわけです。

1970年の同じポイントに戻っているのに、なぜ毎回出会う人や、体験する内容

が変わってしまうことがあるのか……それこそがパラレルなのです。

その被験者や実験者の波動に応じたパラレルにアクセスすることになるので、出会う人、体験の内容が変わってしまうんですね。

「バタフライエフェクト（バタフライ効果）」という言葉があります。

ほんのささいなことが、さまざまな要因を引き起こして、大きな事象の引き金につながることがある、という意味を持つ言葉です。

砂漠の端っこで、蝶々がパタパタ羽ばたくと、その動き（エネルギー）で、物理的な風が起こり、それがドミノ倒しのように周囲に影響を与えながら、思いもかけないような変化を生み出していく、というようなことがあるわけです。

でも、これはまさにその通りで、僕たちが何かをすることで、影響を与えないわけがないのです。

このことから僕たちが、たとえばワークを通して意識を変えれば、その後のあらゆる事象が変化していくのだ、ということを理解していただけたらと思います。

そして望むパラレルに意識（チャンネル）を合わせる簡単な方法は、いい気分でいるということです。

たとえば、あなたが世界平和を望むなら、まずはあなたの中を平和の意識で満たすことが大切である、ということです。

あなた自身が、「平和」「調和」の感覚に浸るのです。


「戦争が終われば平和になる」

「世界が武器を放棄《ほうき》すれば戦争はなくなる」

という、一見あたりまえのように思える考えを採用するのではなく、

「自分の意識の反映が、体験する現実なのだ」

という基本に立ちかえり、自分に集中しましょう。


あなたの中に争いや戦いの意識はありませんか？

家族やパートナー、友人や同僚、または他人とケンカや口論をしていませんか？

言い方を換えれば、こうした些細なこともやめられないのに、戦争が終わるわけがないのです。

大きな戦争も、始めは個人的な争いが火種になっていることを理解してください。

だからこそ、まずは自分に意識を向け、平和や調和で自身を満たすよう、工夫することが大切になるわけです。

こうした意識の在り方でいられるようになると、あなたの人生は、そこから大きく変わり始めることになります。

「望む意識の状態を先取りして、望むパラレルにシフトする」ことができるようになるので、人生は俄然《がぜん》面白くなるのです。

視点を過去から未来に移そう

いまがどんな状況にあったとしても、あなたは大丈夫です。

なぜなら、望むパラレルにあなたの意識のチャンネルを合わせればいいのですから。

たとえばあなたが、いま不幸な人生を生きていると感じているのだとしたら――。

それは、あなたが、そのパラレルを選んで体験しているのです。

「私は、こんなパラレルを選んだ覚えはない」と言っていたら、いつまでも、そこからシフトすることはできません。これは、あなたが悪いのだと言っているのではなく、「あなたは、いつでも、自分の望むパラレルを選び、シフトすることもできるのだ」という朗報なのです。あなたは、それほどパワフルな存在なのだと知ってください。

なので、

「なるほど、この現実は、いつかの私が選択した結果なんだ」

と気づき、選び変えることで、次の瞬間から状況は変わっていくことになります。

このとき大事なのは、不幸を選んでいるときは、たいていの場合「過去」にとらわれてしまっている、という事実に気づくことです。

何かに失敗したり、誰かに酷《ひど》いことを言われたりした「過去の記憶」という映像を反芻《はんすう》することで、それに影響されているのです。

そのときの周波数を、いまも後生大事に使っているので、いつまでも、変わらないのです。

それが自分で選択している、ということです。

本来、過去を反芻することで、望まない現実にエネルギーを注ぐのをやめ、望む未来に意識を向けて行動するとき、「不幸は溶《と》けてなくなり、幸せが見えてくる」ものです。

そうは言っても、過去にとらわれてしまう傾向は、なかなか変えられないでしょう。

そんなときには、意識的に視点を未来に持っていきましょう。

「どうして、こんなことが起きてしまったんだろう」

と思い悩んだら、

「未来の自分なら、このことをどう見ているんだろう？」

と思いを馳《は》せてみるのです。

すると、

「これがあったから、その先の幸せにつながっているのよ」とか「そこを越えれば、大きな成長につながって、あなたのやりたいと願っていたことができるんだよ」などという発想が降ってきたりするのです。

それがきっかけになって視点が変わり、未来に意識を向け、今を充実させることができるようになるんですね。

未来の最高の人生のストーリーを生きるために、いま自分にできることは何か、ということに意識を向けていきましょう。そのうえで「いまに集中する」のです。だって、「いまからすべてが始まる」のですから。

「そうだ、自分にもっと心地よさを与えてあげよう」

「自分をちゃんとバランスさせよう」

それだけに集中していたら、過去のことなんて意識に上らなくなります。

「過去とは単なる記憶」です。もう過ぎ去ってしまって、いまは存在しないのです。

あなたには、「この先に、輝かしい未来が待っているのです」から、しっかりチャンネルを、望むパラレルに合わせていきましょう。

それが、あなたが生まれてくる前に決めてきた、最高の人生のストーリーにアクセスしていく考え方になります。

さぁ、「今ここ」から、「あなたの最高の人生の舞台に立つ旅が、本格的にスタートを切った」のです。思いっきり楽しんでください！

おわりに――最高の人生にチャンネルを合わせる

あなたは、これまでも、さまざまな媒体を通して、本書でお伝えさせていただいたような話を聞いたり、学んだりされてきていると思いますが、意識的であれ、無意識的であれ、あなたは2021年の冬至の「目醒めのゲート」を超え、さらに2022年の冬至の「アセンションゲート」を超えてきました。

そして現在は想像を超えた人生の高みへとシフトしていく、というフェーズを迎え、そのスタートを切ったのです。

それなのにもかかわらず、これまでの習慣があるため、「そうは言っても……」「でも……だって……」と、思うように変われない、という人も多いでしょう。

でも、そんなときは、どうすればいいんだろう、と悩むのではなく、「私は今この瞬間から、最高の人生のストーリーを生きる」。ただ、そう決めてみてください。

あなたが、最高の人生を生きることに意識を向け続けることができたら、他のことはすべて整っていきます。だって、それこそが、あなたにとって最も大切な「魂の望み」だからです。なので、整えようとしなくても、自然と、整っていってしまうわけです。

こんなに楽なことはないですよね？　でも、そのシンプルな道を選ぶのではなく、複雑な道を選んでしまう人が多いのです。

「でも、これはどうすればいいですか」

「このことに関してはどうしたらいいでしょうか」

このことも、あのことも、そのことも、すべては「できない」「やれない」「いまはない」にフォーカスし、結果「望まないパラレルにチャンネルを合わせ続ける」ことになるわけです。

どこに視点を置くか、なのです。あなたが、「ある」にフォーカスするか、「ない」にフォーカスするかで、何を受けとるかが決まるのですから。

だからこそ、

「私は、私の最高の人生のストーリーを生きる！」

そう明確に決めましょう。それがカチッと定まると、「こうしたほうがいい」とか「いまは何もしないで、少し見守っていったほうがいいな」というようなアイデアが、直感的に降りてくるようになります。


そしたら、そのアイデアに行動を一致させてみてください。

すると、

「えっ、こんなに簡単に解決するんだ」

「こんなに素早く変化していくんだ」

ということがわかるはずです。

問題だと思っていたものが、溶けて消えていくことになります。

問題として結晶化させていたのは、他でもない、あなた自身だったのです。

そのあなたが、そこに集中する意識を緩《ゆる》めたら、溶けていくのは自然なことでしょう。それが理解できたら、いますぐ意識の焦点を変化させてください。

問題やトラブルにフォーカスするのではなく、あなたの最高の未来に、最高の人生の流れにフォーカスするのです。

このことをぜひ、今日を境に、もう一度スタートさせると決めてください。

それが、あなたの最高の人生のストーリーにつながる考え方になるのですから……。

それでは、最後まで読んでくださって、ありがとうございました。

ここから、あなたの人生はどんどん輝きを増していくでしょう。まさに「光そのもの」です。そんなあなたに、心からの祝福を送ります。

最後に、本書の出版に際して辛抱強く見守ってくださった、きずな出版の代表取締役社長である、櫻井秀勲先生と岡村季子さん、そしてお待ちいただいたすべての皆さんに、心からの感謝を送らせていただきたいと思います。本当に本当に、ありがとうございました。

並木良和

並木良和 なみき・よしかず

幼少期よりサイキック能力（霊能力）を自覚し、高校入学と同時に霊能力者に師事、整体師として働いたのち、本格的にメンタルアドバイザーとして独立。

現在は、人種、宗教、男女の垣根を越えて、高次の叡智につながり宇宙の真理や本質である「愛と調和」を世界中に広めるニューリーダーとして、ワークショップ、個人セッション、講演会の開催等活発な活動を通じて、世界中で1万人以上のクライアントに支持されている。

著書に『ほら起きて！目醒まし時計が鳴ってるよ』（風雲舎）、『目醒めへのパスポート』『目醒めのレッスン29』（ビオ・マガジン）、『みんな誰もが神様だった』（青林堂）、『だいじょうぶ　ちゃんと乗り越えていける』『「最適化」の世界』『「最高！」を生きる考え方』（きずな出版）他があり、いずれもベストセラーとなっている。

執筆活動と同時にさまざまな媒体で活躍の場を広げている。

並木良和公式サイト
https://namikiyoshikazu.com/

満ち足りて暮らす! スピリチュアル

2024年5月10日　初版　第1刷発行

著者　並木良和
発行者　櫻井秀勲
発行所　きずな出版
東京都新宿区白銀町1-13　〒162-0816
電話03-3260-0391　振替00160-2-633551
https://www.kizuna-pub.jp/

印刷　モリモト印刷
ブックデザイン　鳴田小夜子（KOGUMA OFFICE）
イラスト　SAIJOH MACOTO
カバー写真　gonza — stock.adobe.com
編集協力　ウーマンウエーブ

ISBN978-4-86663-216-2